The Pathless Path
无路之路

[美]保罗·米勒德 著　薛梅 译

南方出版社·海口

Copyright @ 2022 by Paul Millerd
Original English Language edition published by Pathless Publishing, 5900 Balcones Drive, Suite 100, Austin,Texas 78731, USA.
Arranged via Licensor's Agent: Dropcap Inc., through co-agent: CA-LINK International LLC.
All rights reserved.

图书在版编目（CIP）数据

无路之路 /（美）保罗·米勒德著；薛梅译. -- 海口：南方出版社, 2025. 9. -- ISBN 978-7-5809-0001-2

Ⅰ. B848.4-49

中国国家版本馆 CIP 数据核字第 2025DQ4346 号

著作权合同登记号 图字：30-2025-035 号

无路之路
Wulu Zhi Lu

（美）保罗·米勒德 (Paul Millerd) 著　薛梅 译

责任编辑：焦　旭
特约编辑：冉子健
装帧设计：冉子健
出版发行：南方出版社
邮政编码：570208
社　　址：海南省海口市和平大道 70 号
电　　话：（0898）66160822
传　　真：（0898）66160830
印　　刷：河北盛世彩捷印刷有限公司
开　　本：880mm×1230mm　1/32
印　　张：7.25
字　　数：163 千字
版　　次：2025 年 9 月第 1 版
印　　次：2025 年 9 月第 1 次印刷
定　　价：59.80 元

▶ 中文版序 // 005

第一部 默认路径

第一章 序　章 // 003
　　默认路径 // 007
　　这个话题为何值得关注 // 010

第二章 领先之道 // 013
　　世界级的跳圈高手 // 014
　　第一个目标：进入战略咨询行业 // 017
　　追逐声望：从通用电气到麦肯锡 // 019
　　所谓"核心圈子" // 023
　　祖父去世：对生命意义的顿悟 // 024
　　在商学院学习 // 027

遭遇健康危机 // 029

第三章　工作，工作，工作 // 035

工作信念从何而来？// 036
这是一个反常现象！// 040
被赋予了意义的工作陷阱 // 043
我们身处一个工资制社会 // 046

第四章　觉醒 // 051

鞋中的小石子 // 053
日历条目：列出每日优先项 // 053
第一个念头：成为职业规划师 // 055
对当前工作热情渐逝 // 059
我到底价值多少 // 061

第五章　突破束缚 // 065

自我评估：我并非理想中的自己 // 066
一切将我引向必然的方向：辞职 // 068
在人潮中通勤 // 069
聪明如我却成了一个旁观者 // 070
其实这就是职业倦怠 // 071
哀悼的机制 // 074
举着标牌的傻瓜 // 075
在"工作至上"的世界里，我是谁 // 076
人生的无限可能性 // 079

第六章　万事开头难 // 085

策划你的人生飞跃 // 086

目 录

好奇心是关键 // 089
以全新视角看待世界 // 092
寻找同道中人 // 094
战胜你的恐惧 // 097
他们还会爱你吗 // 099

第二部　无路之路

第七章　无路之路的智慧 // 105
"无为而治"的魔力 // 106
四个变化带来的活力 // 109
用分散的"迷你退休"丰富生活 // 112
尽情享受"无路之路"旅程 // 115
重新看待金钱 // 118
要有所信仰：不念过去，不畏将来 // 121

第八章　重新定义成功 // 125
成功的新篇章 // 126
声望与"功利测试" // 130
与具有长期视野的人交朋友 // 134
你就是那颗"坏鸡蛋"又何妨 // 137
找到你的"知足点" // 141
超越匮乏心态 // 145

第九章　人生真正的工作 // 149
寻找你的对话 // 150

设计自己喜欢的工作 // 153
我们希望成为有用之人 // 159
重拾遗忘的记忆 // 162
人人皆有创造力 // 164
为谁服务 // 167
重要的不是如何开始，而是要开始 // 169
彻底摆脱愤世嫉俗 // 173

第十章　长远布局的人生游戏 // 177
逆向思考：你不想成为的人 // 178
一旦拥有了自由，如何正确利用自由 // 182
重塑自己，适应不断变化的世界 // 187
拥抱富足感 // 190
焕发生命活力，胜过力争上游 // 198
创造你自己的文化 // 200
现在出发，去探索吧！// 207

▶ **致谢** // 213

▶ **译后记** // 217

中文版序
Preface of the Chinese version

我们的时代，我们的路

作为编辑，我们有幸每天与文字和思想相遇。在浩如烟海的书稿中，我们时常会问自己：当下的读者，尤其是那些在人生十字路口感到迷茫的年轻人们，最需要一本什么样的书？

我们生活在一个被"默认路径"牢牢定义的时代。从激烈竞争的升学之路，到"考公"之路、挤进"大厂"的艰辛之路，再到关于买房、成家、立业的社会认同……一套无形的脚本，似乎早已为我们规划好了一生的轨迹。我们被告知，沿着这条路走，就能收获稳定与成功。于是，我们拼命奔跑，不敢停歇，生怕被时代抛下。

然而，越来越多的人在这条看似光明的路上，感受到了深深的倦怠与困惑。夜深人静时，会不禁自问：这真的是我想要的生活吗？

正是在这样的时代背景下，保罗·米勒德的《无路之路》进入了我们的视野。

初看作者的履历，你可能会以为这又是一个"成功学"故事：麻省理工大学的MBA，麦肯锡的明星顾问。他曾是"默认路径"上最出色的"跨栏高手"，完美地完成了通向"成功"的每一个目标。但这本书的珍贵之处，恰恰在于作者对这条精英之路的深刻反思与勇敢"背叛"。他以一种惊人的坦诚，剖析了自己在这条"正确"之路上如何一步步走向内心的枯竭，如何感觉自己生活在"错误的人生"里。

▶▶▶▶ 无路之路

　　他的故事不是一个遥远的传奇，而是我们这个时代无数人的缩影。他的挣扎，验证了我们许多人内心深处的疑虑：外界定义的成功，未必能带来内在的圆满。

　　于是，他逃离了那条"正确"之路，选择了一条"无路之路"。

　　这条路，是一种拥抱不确定性的生活哲学，一种通过亲身实践去探索和创造的生命状态。它邀请我们把人生的目标，从追求超越他人的"领先"，转变为关注内在成长的"活出自我"。

　　在引进这本书的过程中，最打动我们的，是保罗"令人耳目一新的叛逆精神和勇气"。作者并没有给读者提供一张新的路径图，因为他深知，每个人的"无路之路"是独一无二的，宽度或许只够自己一人通过。他所做的，是为我们提供一个"工具箱"：如何鼓起"暂停"的勇气，以局外人的眼光梳理未来；如何用"恐惧设定"来量化生涯风险；如何通过"迷你退休"来低成本地试验另一种生活；如何重新定义与金钱的关系，找到属于自己的"足够"；如何以复合生存模式来构建反脆弱收入体系……

　　这本书为我们提供了一种新的认知和思考框架，去理解我们所处的困境。它让我们看到，个人的迷茫与焦虑，并非孤立的个人问题，而是一个全球性的时代症候。它给予我们一种心理上的"许可"——许可我们去质疑，去停下来思考，去勇敢地迈出探索的第一步。

　　我们相信，这本书的出版恰逢其时。它回应了当下中国社会对"内卷"的普遍焦虑，以及对更多元、更具人性化的生活模式的深切渴望。

　　希望这本书能陪伴你走过一段迷雾笼罩的路。愿它带给你一些慰藉、一份勇气，和一种"原来我也可以这样活"的豁然开朗。

　　你的路，终将由你亲自走出来。

第一部
默认路径

我一直在追随能够保证幸福的生活方式,但事实并未如我所愿。我在一条并非属于我的道路上困惑了十多年,在这期间,我学会了如何追求成功和成就,却从未停下脚步去探寻我真正想要的是什么。我发现自己置身于满是商界领袖的房间里,却总觉得格格不入。我在错误的场所,提出了关于生活方式的错误问题。

第一章

序 章

  我在二十多岁时形成的向前发展的执念对许多人来说都很熟悉：努力学习，取得好成绩，找到好工作。然后低头继续前进,无限期地。这就是我所称的"默认路径"（default path）。意味着生活的重心围绕以下三个目标：找到一份好工作，拥有自己的住房，组建自己的家庭。

无路之路

> 这是一条没有固定轨迹的道路,
> 将引领你去发现内心最深处的真理。
> ——理查德·阿尔波特(RAM DASS)

我的中文课老师叫到我的名字时,我非常紧张,心跳开始加速。深吸了一口气,我开始分享我的故事:辞职、决定搬到中国台湾、遇见后来成为我妻子的女人、创办电商、在五个不同国家生活。这是我第一次用另一种语言分享我的故事,讲完后,一阵平静涌上心头。这标志着我三个月经历的结束,这段时间让我感到无比充实,我在学习、创造、解决问题的同时,还与妻子一起探索了台北。

五年前我在纽约的生活,则是另一番天地。那时我单身,忙于工作、外出就餐、与朋友聚会、约会,不断策划如何减少工作或彻底逃避工作。我在一家咨询公司工作,年薪近20万美元,为一些世界上最知名的CEO做项目。我很成功,且朝着更成功的方向前进。

我在二十多岁时形成的向前发展的执念造就了这样的最终结果。这种状态对许多人来说都很熟悉:努力学习,取得好成绩,找到好工作。然后低头继续前进,无限期地。这就是我所称的"默认路径"(default path)。

在成长过程中,我曾认为年收入10万美元就意味着富有。当我

第一章 序 章

27岁第一次达到这个收入时,我觉得自己拥有了足够多的财富。然而,我选择了不自满、求上进。周围的每个人都在不断向下一个成就迈进。

追求成就使我得以在纽约工作,与CEO们合作,这也是我决定辞职前的最后一份工作。大多数清晨,我来到办公室,坐在那里挣扎着开始一天的工作。我看着人们从我身边走过,想知道他们是否和我一样感到受困于此。

然后,我开始工作,帮助公司董事会评估他们的高管,以确定谁应该成为公司的下一任CEO。我阅读来自公司各个部门的反馈报告,并总结出每位高管的优缺点。我们总认为一旦"成功"就可以做自己,但根据公司所选择的人来看,很明显,员工在公司待得越久,他们就越有可能变成公司所希望的样子。我意识到,我不想这样。

在十年的时间里,我为五家公司工作过,在研究生院学习了两年。我从一份工作跳到另一份工作,坚信下一站就是最后一站。

我之前的不安很容易被掩盖,因为我的职业生涯充满了令人印象深刻的名声和成就,当你走在这样的道路上时,没有人会问"你为什么这样做?"我花了一段时间才意识到这个盲点,并鼓起勇气开始认真地向自己提出更深层次的问题。这最终导致我离开目前的职位,不,是逃离。我甚至退还了一笔2.4万美元的签约奖金(雇员签署工作合同的奖励),放弃了3万美元的在职奖金(再坚持九个月在职就能获得)。我离开时打算成为一名自由咨询顾问,但很快,这个故事链也断裂了。我很快意识到自己一直走的是一条不属于我的道路,为了找到新的前进方向,我需要踏上未知的旅途。

踏上这段旅程大约一年之后,我偶然发现了一个词语,让我

>>>> 无路之路

从焦虑中放松下来。这就是"无路之路"（pathless path）的概念，出自大卫·怀特（David Whyte）的书《三重婚姻》（*The Three Marriages*）。对于怀特来说，"无路之路"是一个悖论："我们甚至看不见它的存在，也无法识别它。"对我而言，"无路之路"是一个口头禅，让我安慰自己会没事的。在度过了前32年总是有计划的生活之后，这种对命运的盲目信任是新的、可怕的、令人兴奋的。怀特说，当我们第一次遇到"无路之路"的概念时，"我们并不理解它的含义"。

然而，"无路之路"对我而言意义重大。

"无路之路"是"默认路径"的一种替代方案，是对不确定性和不适应性的接纳。在一个要求我们顺从的世界里，它号召我们去冒险。它温和地提醒我要笑对事情的失控，并坚信，即便未来是不确定的，也没什么大不了。

归根结底，这个概念开启了我关于思考人生道路的一个新故事。

世界不断变化，技术重塑着我们的生活，我们用来引导生活变好的故事变得过时，不足以应对当下。人们开始感受到，我们被告知的世界运作方式，与实际经历的情况是脱节的。你努力工作，但最终还是被裁员。完美生活对你来说如同纸上富贵，没有时间去享受。你退休时银行账户有数百万美元，却想不出该怎样用来充实自己的空闲时间。

"无路之路"一直是我释放自己的方式，让我从曾下意识追随的成就叙事中解脱出来。我能够远离追名逐利的生活，转而专注于活出真我。我能够处理生活中那些艰难的问题，那些我们极力回避

第一章 序 章

的问题。即便意识到最困难的问题通常没有答案时，我也能够继续前行。

"无路之路"对我最大的一个帮助是让我辞职后重新构想了与工作的关系，之前，我对工作的看法是狭隘的，总想逃避现状。在无路之路上，我的理念得到了拓展，我能够看到真相：大多数人，包括我自己，都渴望从事他们看重的，能够展现他们内心的工作。但是只要坚持默认路径的逻辑，我们就看不到实现这一愿望的可能性。

我一直在追随应该能够保证幸福的生活方式。但事实并未如我所愿。我在一条并非属于我的道路上困惑了十多年。在这期间，我学会了如何追求成功和成就，却从未停下脚步去探寻我真正想要的是什么。我发现自己置身于满是商界领袖的房间里，却总觉得格格不入。我置身于错误的场所，提出了关于生活方式的错误问题。

◆ 默认路径

这本书既不支持也不反对任何特定的生活方式，而是质疑"默认路径是唯一的生活方式"这一观念。所谓默认路径，指的是成年人想要被视为成功所必须具备的一系列决策和成就。这在不同国家有不同的定义，在美国，意味着生活的重心围绕以下三个目标：找到一份好工作，拥有自己的住房，组建自己的家庭。

多尔蒂·伯恩森（Dorthe Berntsen）和大卫·鲁宾（David Rubin）研究了他们所谓的"生活脚本"，并将其定义为"文化上共享的，对典型生活事件的顺序和时间的期望"。他们的研究发现，就人们期望在生活中发生的事件而言，各国存在显著的一致性。这些事件大多发生在 35 岁之前：毕业、找工作、坠入爱河和结婚。[3]

这意味着，许多人对生活的预期集中在我们年轻时发生的少数几个积极事件上。我们余生的大部分时间仍然没有预先安排的剧本，当人们面临不可避免的挫折时，他们得不到指导，不知道如何思考或感知。虽然很少有年轻人期望只从事一种工作或职业，但多数人仍依赖默认路径的逻辑，并假定他们需要在 25 岁之前把一切都搞清楚。这个想法限制了我们对其他可能性的追求，包括我在内的很多人，内化了约翰·梅纳德·凯恩斯（John Maynard Keynes）指出的"世俗智慧"："在名誉上，传统方式导致的失败胜过非传统方式带来的成功。"

自 2017 年以来，我与来自世界各地的人们进行了数百次网络上虚拟的"好奇对话"，谈论工作和生活。我看到了意外裁员带来的羞耻感，换工作引发的恐慌。还有，当人们发现无法在他们认为应该遵循的特定道路上取得成功时，他们那种失去希望的感觉。除此之外，人们也感到羞愧，不愿与他们生活圈里的人讨论这些问题。

这种焦虑不仅仅局限于年轻人。越来越多传统职业生涯末期的人告诉我，他们对过去老套的退休生活并不感兴趣。他们仍然渴望与世界互动，但不知道如何实现。截至 2018 年，发达国家的男性和女性预计将在退休中度过近 20 年的时间。随着婴儿潮一代进入这一新的人生阶段，他们带来前所未有的财富、健康和活力，他们将寻找关于如何过好生活的新故事。

这些故事激励我继续探索自己的旅程，并为我提供了丰富的写

第一章 序 章

作素材。无意中，我在如何应对生活、改善与工作的关系方面积累了丰富的智慧库。通过这些对话，我学到了许多东西，激发了我写这本书的灵感。

在接受"无路之路"之前，朋友们遇到职场挑战时，总是求助于我。一位二十多岁的年轻专业人士曾经找到我，一起讨论如何摆脱他目前的工作困境。谈到他的职业选择时，他告诉我，他要么在公司不断进步，成为合伙人，要么到客户的公司担任职位，用他的话来说，就是"躺平"度日。

"这是仅有的两个选择吗？"我问道。"是的。"他回答。我列举了几条他承认可能存在的其他选择，但他补充道："我认识的人都没选择过那条路。" 许多人陷入这种困境。我们深信前进的唯一途径就是我们一直走的路线，或者是我们看到的像我们这样的人所做的事情。这种无声的共谋，限制了我们生活的可能性。

当我第一次遇到那位年轻专业人士时，我正在尝试兼职做职业规划指导师。他讨厌他的工作，想要做出改变。当他找到一个新的职位，在另一家公司工作时，他不再有动力保持与我沟通，去探索对他来说更重要的事情。

这让我感到失望。我希望他能看到我所看到的潜力。然而，在我自己的生活中，我也在做同样的事情。每一份新工作，我都说服自己，我的事业正在蒸蒸日上。但实际上，我真正做的是试图逃避困境感。

我太害怕与自己进行更深入的对话——那种或许会将我引向不同生活方式的对话。

❖ 这个话题为何值得关注

在我生命中的大部分时间里，我拥有了看到他人伟大之处的天赋。当我看到人们陷入困境或无法追逐梦想时，我感到痛心，我想尽我所能去帮助他们。在写这本书的过程中，我意识到这种助人的品质与我的父母有着密切关系。

我的童年受到了上天的眷顾。我的双亲，他们一生致力于为我和我的兄弟姐妹创造最美好的生活。他们实现这一目标的方式是，找到自己擅长的事情，然后全身心投入其中。

我母亲是个积极的家长。她对我的需求从一开始就有直观的感知。她给了我自主做决定的空间，让我学会了如何主导自己的生活。她帮助我排除了人生道路上的障碍，并帮助我成长为一个自信的成年人。在我人生旅程的每一步，她无限的爱和同情心铸就了我迈出下一步的勇气。

我的父亲把工作放在首位。多年来，我为此感到困惑。我希望他能多陪伴我们。然而，随着年龄的增长，我意识到以工作为重的决定对他来说同样艰难，而且他并没有其他选择。

19岁时，他在一家制造公司找到了一份工作，在那里工作了整整41年，从未考虑过去其他地方工作。他在整个职业生涯中对自己说的是，他必须比其他人更努力工作。为什么？因为他没有学位。他获得晋升后，发现自己周围都是那些拥有光鲜学历的人，他感到更大的同侪压力。然而，他从未抱怨。他每天早上5点起床，工作12小时，对任何工作指令都欣然应允，借由此，他能够拥有卓越的

第一章 序 章

职业生涯,并确保我和我的兄弟姐妹比他有更多的选择。

我的母亲也认为没有学位阻碍了她的发展,她是对的。大学毕业几年后,我帮助她申请了另一所学校的助学金管理部主任的职位。招聘委员会说她的求职信"是他们见过的最好的之一",她是最佳候选人,但因为她没有学位,他们选择了另一位应聘者。

这让我非常伤心。我知道我的母亲聪明能干,学位并不能决定她对世界所能贡献的价值。

对于我的父母来说,最好的选择就是默认的道路。他们很适应这条路,难以离开它。我知道他们为了让我有更好的职业机会做出了多大的牺牲。然而,他们真正给予我的远不止是在学校和工作中取得成功的能力。他们给了我梦想的空间,让我敢于冒险,能够探索生活的更多可能性。

许多人发现很难在生活中求得改变,因为他们缺少一个相信他们的人。我有父母、姑姑、叔叔、祖父母、老师和经理相信我。他们的支持给予了我优势。正因如此,成为帮助他人的人,这一想法最大限度地激励了我。作家利奥·罗斯腾(Leo Rosten)关于生命意义的论述启发了我:"成为有用的人,成为光荣的人,成为富有同情心的人,使自己的生命有所作为,活得精彩。"这条无路可循的道路帮助我看到,辞职并不是为了逃避工作或过上更轻松的生活,而是要利用我从父母那里得到的天赋来造福他人。

帮助人们勇敢地生活,让他们茁壮成长,是世界上最重要的事情之一。我希望看到人们过上他们有能力过的生活,而不仅仅是他们认为自己被允许过的生活。

我写这本书是为了告诉你,这是可能的。

我的无路之路的旅程,就是要慢慢弄清楚这一点,帮助来自世界各地的无数人在这一点上达成共识。

现在轮到你了。接下来的内容不是简单的指南,而是邀请你和我一起走上无路可循之路,看看我们一起构想的新故事会发生什么。

你准备好了吗?

第二章

领先之道

像很多年轻人一样，我学习如何成为一名"跳圈者"：努力获得好成绩、想方设法进入好公司、考商学院……但在经历失去健康和重要人物的痛苦后，我开始改变我的价值观。

拥有野心的好处在于能够让他人理解你的追求，不好之处在于如此容易被他人理解，难免缺乏深度。

——大卫·怀特（DAVID WHYTE）

世界级的跳圈高手

“跳圈者”（hoop-jumper）这个术语来自作家、耶鲁大学前教授威廉·德雷谢维奇（William Deresiewicz），用来描述他在耶鲁大学的学生们的行为，他们似乎更关心如何获得全A成绩和为简历加分，而不是利用他们在世界顶尖大学的时间来追随自己的好奇心。

他的学生们专注于获得优质实习或工作机会，或者被研究生院录取，他们以是否能获得更好的机会为标准来选课和参加活动。许多人从小就在这种游戏中打转，在家长们高期望值的推动下，从一个精英学校转到下一个精英学校。

尽管最终我也加入了这场游戏，但我童年时对学校的挚爱是很

第二章　领先之道

纯粹的，不带任何压力，没有父母的干涉。在高中时，我是一名优等生，却从未考虑申请排名靠前的学校。我只对康涅狄格大学（the University of Connecticut）感兴趣，那是我本州的学校。选择这所大学最主要的原因是什么呢？是我可以仅花五美元买到男子篮球赛的学生票。

我被录取到荣誉课程项目，与其他荣誉学生同住。我当时并未意识到这对我的未来会产生巨大影响。我周围都是志向坚定、成就卓越的人，那些SAT（美国高校入学考试）分数完美、获得全额奖学金并制订了五年计划的人。听到一些学生为选择学校所经历的复杂过程——权衡各种奖学金项目、排名、就业机会和研究生院准入条件等。我感到非常惊讶。我来这所大学，只是为了能看篮球赛。

但这些人成了我的朋友，我开始追求他们所追求的。他们身体力行了一种成功法则：专注于最大化当下的成就，以创造未来更好的选择。我开始对自己曾就读的高中感到不满，那里的升学指导老师建议我尝试主修工程专业以外的专业，因为"工程专业太难了"。为什么当时没有人对我提出更高要求呢？我是否应该申请更好的学校呢？

这些追逐成就多年的新朋友，背负焦虑和压力的包袱，而我，作为这场游戏的后来者，却没有这些压力。我震惊于他们中一些人努力到精疲力竭，将日程安排得超出他们所能承受的范围。我不愿意在过度用力的层面上竞争，但我仍然想跟上步伐，因此我痴迷于弄清规则并学会如何钻空子。

大学第一学期，我制作了一个未来四年课程安排的Excel表格。

然后，我将其与一个名为"给我的教授打分"（RateMyProfessor.com）的网站进行交叉参考，找出我选的课里喜欢打高分的老师来优化我的课程表。大二的时候，我了解到了选满18学分课时（按照美国大学规定一学期最多选18个学分的课）后，怎样再多选课程，这样，我就可以将难度低的课程，或者我们称之为"保证拿A"的课程，添加到我的课程任务中。

刚上大学时，获得A档成绩，对于我和我的荣誉班同学们来说是必须达到的最低标准。这是几十年来成绩膨胀的结果。截至21世纪前十年，42%的大学生在课程中获得了A。这跟过去不可同日而语。在20世纪60年代，获得A档成绩的可能性大大少于获得C档和B档的可能。对于我们来说，由于获得A不仅可能而且是可以预见的，我和我的同学们花费了与学习备考同样多的时间来寻找可以利用的规则漏洞来提高成绩。

我喜欢利用规则的漏洞来投机取巧。我选了工程和商科双学位课程，这虽然很有挑战性，但成功地规避了最难的纯工程课程。为了选到打分高的教授的课，我不惜选择大多数学生不愿意选择的上课时间段。我仍然追求令人印象深刻的成就，比如荣誉毕业，但我不会选逼人太紧的论文指导老师和让我过于吃力的课程。每次获得实习机会、院长嘉奖名单荣誉和奖学金，都让我充满成功的振奋感。我觉得我已经完全掌握了成功的秘诀。

我正在变成像耶鲁大学德雷谢维奇教授的学生那样的跳圈者，内化了教育就是"做作业、得到答案、考试得高分"的观念。正如德雷谢维奇所说的，我还没有培养出"着眼于更重要的事情"的危

第二章 领先之道

机意识，只是局限于玩完成学业的游戏，而没有运用思维能力进行深刻思考。

◆ 第一个目标：进入战略咨询行业

大三结束时，我拥有了高成绩绩点（GPA），完成了多个实习，赢得了几个奖项。进入大四时，我要致力于配得上我跳圈野心的第一个目标。我决定尝试打入战略咨询的精英世界。

战略咨询起源于19世纪末美国制造业的增长。最初被称为"咨询工程师"，像弗雷德里克·泰勒（Frederick Taylor）、亚瑟·D. 利特尔（Arthur D. Little）和爱德温·布兹（Edwin Booz）这样的人与制造业工厂合作，提高其效率和盈利能力。他们最终参与建立了一些最早的咨询公司，在20世纪，这些公司在规模和前景上不断发展和扩张。在我毕业时，这是一个价值数十亿美元的行业，拥有遍布全球的数百家公司。这些公司与首席执行官和高级主管合作解决重大问题，为有抱负的年轻人提供了跳过"攀登阶梯"的机会，在毕业后立即着手解决最有趣的商业问题。

最初，这些公司只招聘哈佛和耶鲁等精英学校的学生。随着行业的扩展，他们开始扩大招聘范围，但仍然很挑剔。康涅狄格大学并不在选择范围内，因而被称为"非目标校"。要打入这个行业，对我来说是一个挑战，但我仍然想尝试一把。

追求这个目标，成为了我的使命，也让我忽略了从学校过渡到"真实世界"的与日俱增的焦虑感。面对这一人生重要阶段，我没有足够智慧来引导自己，只能参考周围所有人的做法：选择一条路径。

现代世界提供了丰富的选择路径。从某种意义上说，这是很好的。这是工业体系和由此带来的繁荣所创造的机会，为全球各地的人们提供了机遇。然而，路径的不断增多也带来了挑战。由于选择如此之多，人们往往更容易选择那些具有确定性的路径，而不愿意花更多的精力去弄清楚我们真正想要的是什么。

我的一位朋友兰吉特·赛姆比（Ranjit Saimbi），他离开了法律行业转而从事了软件开发。他分享说，他被法律行业吸引是因为"所有步骤都为你铺设好了"。从事法律职业意味着向他人表明他是"一个认真且聪明的人"。但随着他在这条道路上走得越久，他就越能意识到，这个职业真正承诺的是"生活中存在的恐惧被确定性取代"。

吸引我和兰吉特的路径还提供了另一种东西：声望。尽管难以定义，声望可以被视为当你做了令他人印象深刻的事情时所获得的关注。创业孵化器创始人、数千名年轻人的导师保罗·格雷厄姆（Paul Graham）认为，声望是"一种强大的吸引力，它甚至可以扭曲你对自己内在喜好的选择"。

战略咨询和法律等高声望职业的引人注目的故事深深吸引着我和兰吉特。雄心勃勃的年轻人希望将在学校取得的成就转化为具象的可以被他人看到的成就，对他们来说，这些道路好到令人难以置信。禅宗哲学家阿兰·瓦茨（Alan Watts）认为，"对安全的渴望和不安全感是一回事"，因此，"我们通过各种方式强大和封闭自己来寻找这种安全感。我们希望得到'独特'和'特别'的保护"。这正是我所追求的。

第二章　领先之道

进入大四学年，声望的吸引力主导了我，我开始制定计划克服"非目标校"申请者身份带来的劣势。

◆ 追逐声望：从通用电气到麦肯锡

我真正想要的是成为"核心圈子"中的一员，正如C.S.刘易斯（C.S. Lewis）1944年在国王学院的演讲中所说："……在所有人的生活中，在某些特定时期……最主要的元素之一是渴望成为当地圈子的一部分以及害怕被排除在外。"

在大四秋季学期之前，我将咨询公司和其他体面职位的工作岗位整理到电子表格上。这就是我关心的核心圈子。除了咨询公司，名单上还包括投资银行、科技初创公司和对冲基金。我对将要从事的工作类型并不挑剔，只要看起来是引人注目的就可以。那个学期的大部分时间，我都处于狂热状态，搜索我先前没有注意到的公司，建立人际关系，发送冷邮件（向未曾建立联系的人发送的邮件），争取面试机会。不幸的是，我的大部分努力几乎立即遭到了拒绝。我的资历足够好，但大多数公司已经找到了来自更好学校的学生，达成了招聘目标。

在数百家公司中，我确实有几次面试的机会。这让我一窥核心圈子的秘密。其中一次面试让我来到了北卡罗来纳州，在那里，我参加了旧金山华富投资银行的"超级日"。超级日是一个为期两天的考验，包括用餐、与员工和其他面试者进行随意交谈，最后在第二天进行几次正式面试。

无路之路

我到达时,办理了入住手续,然后前往那条街尽头的一家高档鸡尾酒吧。在十五分钟内,我发现在这三四十个候选人中,我是为数不多的"非目标校"申请者。意识到这一点后,我开始感觉自己像未经邀请闯入婚礼的客人一样。一些候选人提到他们在学校的朋友已经在这家公司工作,还有人说旧金山华富只是一个"备胎"。他们对我能够获得面试机会感到好奇,但最终并没有把我视为威胁。这些来自弗吉尼亚大学、杜克大学和康奈尔大学等名校的学生充满了自信,正如我当时意识到的,他们已经是核心圈子的一部分。他们现在只需要想清楚,毕业后要戴上哪家公司的徽章。

第二天,我经历了八轮30分钟走过场式的面试流程,在整个过程中,感觉面试官和我已经知道会发生什么。两天后,我接到了拒绝电话,到学期结束时,我名单上的每家公司要么拒绝了我,要么没有回应我的申请。

我第一次近距离观察"核心圈"的经历,虽然有些尴尬,却进一步激发了我的动力。现在,我不仅要打入这个独特的世界,还想摆脱那个周末感受到的羞愧,以及自己不够优秀的那种感觉。

尽管没有闯入核心圈子,但我仍在制订备用计划,争取通用电气(GE)公司的领导力发展项目的职位。当时,通用电气在商界仍享有很高的声誉,并以不愿意雇佣一直与我竞争的那些精英学生为傲。他们更喜欢雇佣像我这样的人,那些在大型公立学校取得成就的人。

在大四之前,我在通用电气实习过,并获准在接下来的一年回到工程岗位任职。然而,在那个夏天,当我第一次被追求声望的欲

第二章　领先之道

望感染时，我了解到了他们的金融管理项目。这是通用电气内部的核心圈子，被视为公司内获得成功的快速通道。尽管我的实习是在工程领域，而且我只修过几门金融课程，但我还是申请了这个项目，并告诉招聘人员，这是我理想的道路。当我得到这份录用通知时，我取消了校园内其他面试。通用电气并不是我关心的核心圈子的一部分，但在我就读的学校，它仍然被视为可以得到的最好的工作之一。

　　为什么会有像我一样的人，要费力申请这么多工作呢？答案的一部分是，我一直享受着求职过程。更复杂、更准确的答案是，我被卷入了一场对成就的追逐中，这让我认为，时间最应该花在把潜在的成功最大化上面。我的朋友们对毕业后的生活都有不俗的规划，我也不甘落后。人们对我在通用电气的工作艳羡不已，我喜欢这种被关注的感觉。我觉得自己很聪明。我从未在金融领域工作过，也从未在俄亥俄州或中西部待过，那里将是我的工作地点，我对这些毫不在意。在我能从学校得到的所有工作中，这算是最好的，声望的吸引力使我相信这就是我想要的。

　　毕业后，我和表弟布赖恩一起开了两天车前往俄亥俄州。我记得旅途中的两件事：一是每隔四十分钟收音机就会播放《嗨，德丽拉》这首歌，二是我内心充满了一种不安的感觉。这是我第一次将生活地点移到康涅狄克州周边15英里舒适区外的地方。搬到一个新城市，能在通用电气这样优秀的公司工作，是令人兴奋的，但我心底里觉得，这并不是我想要的。我试图假装自己很高兴得到这份工作，但我想要更多。

　　我的不安情绪很快演变成了一种逃避的欲望。当我加入时，通

无路之路

用电气是一家有着百年历史和良好声誉的公司,但已经开始显露出颓势。我无法想象自己会在那里待上两年,更别提度过余下的职业生涯了。似乎没有人在乎任何事情。我的同事们几十年来一直来到同样的办公桌,更关心的是他们的退休投资组合,而不是工作,并告诉我,如果不是因为福利,他们可能根本不会来上班。

我的项目包括在不同的业务领域进行四次为期六个月的轮岗,但我几乎只完成了两次。当我驾车前往佛罗里达州杰克逊维尔进行第二次轮岗时,我决定辞职。我给即将在同年晚些时候搬到波士顿工作的朋友迈克打电话说:"迈克,如果我六月份搬到波士顿,你想跟我一起住吗?""当然!"他说。事情就这样定了。波士顿是一个我可能更有机会在核心圈子中的公司找到工作的地方,同时更靠近我的朋友和家人。

在杰克逊维尔,我加大了第二轮求职活动的力度,申请了很多一年前拒绝我的公司。令人难以置信的是,这段时间的求职以我获得梦想中的工作而结束。是的,没错。在抵达佛罗里达约一个月后,我看到了麦肯锡(McKinsey)公司招聘研究分析师的职位,这正是我心目中排名第一的公司。经过几轮面试,我得到了加入波士顿办公室的工作邀约。

这个结果好到令人难以置信,人们对这一成就的看法与我对这一经历的看法截然不同。其他人看到了在麦肯锡公司光鲜的新工作,一次明智的跳槽。然而对我来说,这是一年来不安、不成熟、不安全感和迫切逃避的欲望之后的幸运结局。

我内心的一部分一直被冒险的可能性吸引着,对裸辞搬到一个

第二章 领先之道

新城市感到暗自兴奋。这部分的我会有机会实现愿望，但还需要等待数年。

我告别了佛罗里达，和父亲一起驾驶 U-Haul 搬家公司小货车返回北方，对下一步的安排感到兴奋。我有了重新开始大学毕业后生活的第二次机会，这次是在真正的核心圈子中。

◆ 所谓"核心圈子"

走进办公室的第一天，我兴奋不已。在麦肯锡，我感到很庆幸，周围都是对工作充满热情和好奇的人，而不是只盼着周末休息的人。我和关心我的经理们一起工作，他们推动着我不断进步。

尽管感觉自己是一个闯入了封闭世界的局外人，我还是慢慢开始理解周围人的行为准则和愿望。在通用电气，对公司工作以外的任何事表现出兴趣都是禁忌，而在麦肯锡就不一样了，人们公开分享他们的抱负，比如进入顶尖研究生院、成为 CEO，或者为其他知名机构工作。对许多同事来说，麦肯锡只是通往更大事业的一个跳板。

我采纳了他们的生活态度，并接受了哲学家安德鲁·塔加特（Andrew Taggart）的职业观，他在描述现代人与工作的关系时称之为"关于个人生涯进程的以工作为核心的第一人称故事"。从这个角度来看，我的职业生涯不是一系列的工作，而是一场高风险的博弈，一旦落后就感觉像是失败了。我和我的同事们不断讨论潜在的职业道路和"退出方案"来应对这种压力。这对于像我这样对这个圈子还很陌生的人来说，是很有帮助的。我可以追随着同龄人的智慧，找到留在核心圈子的方法。

一年过去了，我决定下一步还是去一所顶尖商学院。这个想法并非凭空产生。关于申请文书和学校排名的讨论充斥于午餐室的日常谈话中。这些人是我的朋友，他们被哈佛和斯坦福等精英商学院录取了，我也应该做同样的事情，这似乎是理所当然的。这种追求高声望职业的路径实际上是个陷阱，人们往往不是按照自己的愿望去思考如何度过一生，而是将同龄人最羡慕的选项作为默认选项。

在描述核心圈子的力量时，C.S. 刘易斯警告说："除非你采取措施来防止，否则这种想要进入核心圈的欲望将成为你生活的主要驱动力之一，从进入职业领域的第一天开始，直到年老到不在乎职业发展的那一天。"他认为，如果你想过另一种不一样的生活，你需要有意识地、持续不断地努力，以抑制这种驱动力。

在这个圈子里，即便是喜爱麦肯锡的工作，离开这里也是很自然的事情，因为每个人都在这样做。在第二年接近年末的时候，我被麻省理工学院的一个双学位项目录取了。如果你引用刘易斯的话来说服我过"另一种生活"，我是不会相信的。

我正在走的路线实在是太美好了，我很高兴能够走在这条路上。

◆ 祖父去世：对生命意义的顿悟

哲学家安德鲁·塔加特认为，危机时刻开启了对生命存在意义的顿悟，在面对危机时刻时，我们被迫去思考和探索生命最深层次的问题。

第二章　领先之道

他认为以上情况通常以两种典型的路径发生。一种是"失去之路"（way of loss），当重要的事物被夺走时，比如所爱的人、我们的健康或一份工作。另一种路径是"惊叹之路"（way of wonderment），即当我们面对无可否认的敬畏和灵感时。

我第一次经历"失去之路"是在2010年，也就是我在麦肯锡的第二年结束，开始研究生学习之前的一个月。

那时在父母家，我们接到了我姐姐打来的电话，她正在探望我的祖父。她听上去很担忧。我祖父被诊断患有胰腺癌。多年来，健康问题一直困扰着他，但这次感觉情况有变。一听到消息，我感到喉咙哽咽。我和母亲坐在后院露台上，努力接受这个消息。

我们的反应无异于面对残酷现实的任何人：我们不愿意接受。那是五月初，我祖父母计划在几周后返回康涅狄格州消夏。虽然姐姐告诉的消息很糟糕，但我和妈妈都认为没有那么紧急。我们告诉自己，祖父会回到康涅狄格的。

天有不测风云。到了周中，他的病情急转直下，到了周五，全国各地的亲戚几乎都登上了飞往亚利桑那州的飞机去看望他。我在临近周末时抵达，和表亲们一起坐在后座，我叔叔开车带我们去祖父家。那30分钟的车程是我一生中感觉最漫长的。没有人说话，我们都在想同一件事：保佑祖父还活着。

在接下来的几天里，我们25个人分散在这栋两居室的房子里，一对一地或全家一起看望他。仍记得，我站在床边和家人手牵手，眼泪流过脸颊时，那种痛彻心扉的感觉。

我祖父是个卓尔不群的人，我喜欢和他在一起。我13岁时，他在我们镇上的湖边买了一栋房子,我和他以及祖母的关系变得更加亲密。这栋房子不仅成了我们的第二个家,还成了朋友、家人和熟人聚会的地方。只要他们愿意吃我祖父做的饭,大门就向每个人敞开。

他从不谈论自己的童年,但据他的兄弟姐妹说,在他们的母亲去世后,他被送去农场,跟他叔叔一起生活。大约在四年级的时候,他不再上学,开始和他叔叔一起工作。他未能享有充满爱和支持的童年,就选择努力为子女和孙辈创造更好的条件来弥补自己的缺憾,他成功做到了。如我的许多表亲一样,我们觉得,在我们这样的家庭中长大像是中了彩票,多亏了祖父,让我们的生活充满爱、欢笑和可能性。

坐在亚利桑那家中,我知道我即将失去他,他是我生命中最重要的人之一。那几天充满了眼泪和深情,但同时也充满了美好和深刻的意义感。他一生的功绩就摆在我们面前。他成功地创造了一个比他成长时更好的世界。在那些时刻,我清楚地意识到家庭、爱和人与人之间的联系是最重要的。

尽管有这样的清晰认识,在祖父离世前的日子里,我还是经过一番内心的挣扎才坚持留下。我禁不住想起自己的工作。如果同事找我怎么办?为了缓解焦虑,我开车去当地的咖啡馆查看我的电子邮件。一切正常。一个同事发来短信说:"你在干什么?!回去陪家人吧,我们罩着你!"我微笑着关上了笔记本电脑。

从咖啡馆开车回家的路上,我很生自己的气。为什么我会如此担心工作?一个显然不重要的事情。我走回祖父的房间,那里一片静谧。他正在度过他生命中的最后一刻。我难道会为了些愚蠢的邮

第二章 领先之道

件错过这一刻吗？我和家人牵手，做了祷告，在接下来的几天里，我把对工作的忧虑和担心放到一边，不再去想它们。

那次经历让我踏上了"失去之路"，过去一门心思扑在工作上而忽视了的一些问题重新引起我的思考。

我活着是为了什么？

我真正想要什么？

在我离世的时候，我该怎样回首我的一生？

这是一些难以回答的问题，但是我终于准备好开始深度思考了。

◆ 在商学院学习

失去祖父一个月后，我开始了商学院的学习。我对再次回到学校感到兴奋，但祖父的离世让一切黯然失色，让我变得更加感性。在那几个月里，一切都充满了意义。人际关系变得更加重要。书籍、歌曲和电影勾起我的伤感，我对一切事物变得更加好奇。

我努力将这些变化融入我的生活方式，将注意力从事业转向友谊、人际关系和学习。我优先选择了让我感兴趣的课程，不再那么关注成绩。第一个学期，有一门课程充斥着我认为毫无意义的繁琐作业。我决定不完成大部分作业，最终得到了C+的成绩，这是我生平第一次得到"C"，也是商学院的不及格成绩。

我大部分课程仍然取得了及格分数，但是在连续三年将事业放在首位后，我终于能够将生活放在首位了。我对商学院的回忆是与朋友在灯塔山酒吧叙话，与麦克（Mike）一起观看真人秀节目《新

无路之路

泽西海岸》,参加文化庆典、正式派对、校内曲棍球和篮球比赛,参观世界各地的工厂,最特别的是在500人面前表演爱尔兰舞蹈。在两年后的一堂课上,我的朋友柯蒂斯(Kurtis)分享说,他认为我是一个"活得非常充实"的人。这句话令我受宠若惊。我第一次意识到,在失去祖父后,我已经开始深入思考那些随之而来的问题,并且更加专注于创造回忆,而不是取得好成绩。

不幸的是,我并没有条件让自己一直处于轻松的度假状态。我花光了所有的积蓄,欠下了7万美元的债务,打算继续走我之前设定的默认道路。

麦肯锡有一个计划,如果你承诺回公司工作至少两年,他们会为你支付学费。我自信地认为,自己不必再回到咨询领域,因而从未考虑过这个计划。不幸的是,当第二年招聘开始时,我还没有想出其他计划。于是,我申请了本科时曾申请过的所有咨询公司。

这些公司感到困惑不解,我曾经就职的麦肯锡已经是最顶尖的咨询公司了,现在我为什么要申请去他们的竞争对手公司工作呢?我的解释不足以说服他们,所有大公司都拒绝了我,然后麦肯锡也拒绝了我。我在整个应聘过程中过于随意,认为他们会接受我,这是幼稚的。接到拒绝电话时,我正走在波士顿的查尔斯街上,这让我感到尴尬,我觉得自己像个失败者。在一家公司工作之前和之后各经历一遍面试被拒,我也许是独一份儿。我是否又回到了几年前的位置,仍在努力进入核心圈子?

现在,显而易见的是,我并没有像我的同学们那样全心投入到我过去设定的默认道路,而当我"将生活放在首位"时,他们正在

第二章　领先之道

为面试做准备。

我的职业身份出现了裂缝,但我几乎没有意识到,也没有建立起其他生活方式的概念,除了我目前所处的默认路径。

在大多数同学都拿到了工作机会几个月后,波士顿的一家小型咨询公司向我提供了一个职位。这个机会令人兴奋,也让我能够忽略那些新出现的挫折。我开始放下对成功人士身份的依恋,但仍然深陷成功人士所处的环境中。

◆ 遭遇健康危机

我加入的公司最有趣的一点是我们雇佣了兼职顾问来为项目提供支持,让我接触到了新兴的零工经济。除了寻常咨询项目外,我们还招募兼职顾问完成短期项目。这些自称为"独立顾问"的人很有趣。每个人都有独特的故事和工作方式。有人一周工作三天。有人工作六个月,休假六个月去旅行。工作之余,有人从事副业,有人花时间陪伴家人。这是我第一次直接接触到非全职工作的人。我感到很好奇。

我在公司工作的18个月里,大部分时间都被健康问题困扰,否则,我可能早就探索这种兼职生活方式了。加入公司的头几周,我就感冒了,而且一直没好。我的身体一直处于疲劳状态,几个月后,我开始经历一阵一阵的脑雾和全身的疼痛。我的生活变得模糊不清。我在工作中只是机械地完成任务,其余时间则从一个医生跑到另一个医生那里,试图找出问题所在。

无路之路

我制定了应对疲劳和疼痛的策略,每晚至少保持 10～12 小时的睡眠时间。我仍然每天准时上班,尽我所能地工作。这样的状况持续了大约五个月后,有一天,我正在新泽西州的普林斯顿忙于客户的项目,医生打来了电话,我认为是好消息。检查确认我患有一种复杂的莱姆病(Lyme disease),她认为有一种疗法可能会有帮助。

我开始服用治疗莱姆病的药物后,立即感到更加疼痛,医生称之为"赫克斯"(Herx)反应,即抗生素治疗引起的细菌死亡导致身体出现的症状,这种情况在莱姆病治疗中很常见。我在客户的办公室里花了八个小时构建了一个令人印象深刻的电子表格,汗流浃背的我强忍疼痛,恨不得马上回到酒店房间休息。

那个房间在 1980 年可能还算不错,但到了 2012 年,它也就只能满足像我这样的 1 号公路沿线公司员工的商务住宿要求。这条路两旁是办公园区、连锁餐厅和酒店。套房卧室的中央随意摆放着一个大型按摩浴缸,我决定用它来缓解自己的不适。当我坐在浴缸里,被房间里的灰褐色壁纸包围时,我感到无助和害怕。

我就这样挺过了一周,周末给我们办公室的负责人彼得打电话,把一切都告诉了他。他显然理解我有多害怕,因为当我申请休假一周或者远程办公时,他建议我休假一个月,带薪,专注康复。我担心辜负他和客户,但他告诉我那些都是微不足道的事情。当时,我们公司处于困境中,作为办公室负责人,他决定暂停一个重要客户项目,无疑是在拿自己的工作冒险,那一刻,他勇敢的领导力激励了我。

不幸的是,我的情况没有改善。一个月变成了几个月,我从带薪休假变成了无薪休假。几种治疗方法似乎都是起初有效,但后来

第二章 领先之道

就失效了。我的医生也感到困惑,我陷入绝望。为什么是我?这场噩梦何时才会结束呢?

为了思考这些问题,我开始写作。多年来,我偶尔写一些博客文章,而如今,写作第一次成了必需品。我是一个典型的隐藏情感的人,写作给了我一个分享的渠道,而无须忍受面对面交流时的不适。我创建了一个名为"莱姆病真糟糕"的博客,与关心我的朋友和家人分享我的进展。随着时间的推移,写博客成为我保持希望的重要方式。这并不容易,下面的帖子展示了我有多渴望得到好消息:

2013年1月8日 (我的电子期刊)(Newsletter)

在过去几个月里,我写了几篇博客文章,但从未发布,因为我认为它们太沮丧或太情绪化了。我决定继续发布这篇,因为结尾加了一些有趣的内容。无论如何,这会让你更了解人们患病时经历了什么。我的很多纠结都是非理性的,如果身体健康的话,我根本不会这样想。我每天都在学习如何应对这一切。去年病倒之前,我对患病的人们所遭受的痛苦一无所知,而现在我的确学到了很多。未来,我希望能够帮助到那些在生活中遭遇困难的人。

对我来说,这些博客文章是宣泄情感和理清自己思绪的好方法。总的来说,我心情很好,很开心,但每一天都很难熬。我在疑惑和害怕时的那种惊慌失措无以言表,但我意识到这些都是人生旅程的一部分。当我重新振作起来时,我意识到世界是多么美好,我有多么幸运,情况并没有那么糟糕。我遭遇困难时，家人和朋友始终不离不弃地支持，令我感激不尽。我需要你们帮助我留住美好时光，度过困难时刻。

我强迫自己打出充满乐观和希望的句子。保持乐观的精神状态一直在线，对患病的人来说是最难的事情。这不像情侣分手那样，人们告诉你情况会好转，而你也知道他们是对的。当你生病时，你必须相信自己会康复，尽管你的身体告诉你这简直是疯狂的想法。

对我而言，"康复"意味着重新开始职业生涯，我可以重新开始工作，和朋友们一起出去玩，做我喜欢的事情，并且假装什么都没有发生过。吃披萨时，我向朋友乔丹（Jordan）分享了这个愿望："等我康复了，你就能知道我实际上有多风趣了。"他的回答让我震惊："保罗（Paul），那太疯狂了，我只知道生病后的你就已经够出色的了。"我试图说服他改变看法，但没能成功。

事实是，患病的经历正在改变着我，而这种改变是不可逆转的。乔丹的同情给了我勇气，让我放弃了对自己的执念，不再把自己视为一个等待康复的"破碎"的病人，而是意识到随时会有新情况出现。

波士顿的另一位医生为我找到了效果更好的疗法，经过一年多的挣扎，我开始好转。我开始做兼职工作，最终全职工作，但我已经不是原来那个人了。生病时，我曾反复思考过这样的问题："如果我再也不能工作了，人们会怎么看我？"并对自己的回答感到惊讶。我会没事的。我总把自己的身份定义与高成就捆绑。优等生、院长嘉奖名单、麦肯锡、麻省理工，这些是我过去的身份标签。当我生

第二章 领先之道

病时,我宁愿用任何一项荣誉去换取一天的舒适。

随着我开始感觉好转,我生活中出现了一种不同的能量。理查德·泰德斯基(Richard Tedeschi)教授和劳伦斯·卡尔霍恩(Lawrence Calhoun)教授提出,许多应对过危机的人往往会得到"创伤后成长",这表现为"对生活全方位地欣赏,更有意义的人际关系,个人力量感的增强,优先级的改变,以及更丰富的人生体验和精神生活"。

这正是我在接下来的几年里经历的。通过一系列意想不到的经历,我逐渐转向接受那条没有固定路径的道路。

第三章

工作，工作，工作

这是一段探索工作的历程，我对工作有了新看法和深刻思考，最终促使我离开原有的轨迹，也促成了这本书的诞生。如果我们要为我们的工作与生活设想一条新的道路，我们需要理解我们当前的工作观念从何而来，以及它们是如何变化的。

在我因病休假之前，工作对我来说是生活中必须面对的一部分。跟很多人一样，我曾期望在大部分成年时间里从事全职工作。患病的经历让我意识到了这种世界观的脆弱性，因为现在我明白围绕工作建立生活并非易事。

我对工作有了新看法，由此，对一系列问题产生了好奇心和深刻思考，最终导致我离开原有的轨迹，也促成了这本书的诞生。这就是为什么在继续我的故事之前，我们需要退后一步，审视过去。

如果我们要为我们的工作与生活设想一条新的道路，我们需要理解我们当前的工作观念从何而来，以及它们是如何变化的。

工作信念从何而来

德国历史学家马克斯·韦伯（Max Weber）发现，"资本主义精神"在那些抱有"传统主义"工作观的社会中难以立足。在韦伯看来，"传统主义"工作观是指人们工作只是为了维持他们现有的生活水平，

第三章　工作，工作，工作

一旦达到目标，就会停止工作。

在旅行中，我惊讶地发现，这种观点在世界各地仍然存在且盛行。在墨西哥，我无意中听到了一段关于雇佣本地人的对话："你不能付太多人工费，因为赚够了钱他们就不工作了！"尽可能少工作的想法对有些人来说是难以想象的。这个对话中的外籍雇主，很可能就是跟我一样成长于崇尚工作的文化中，在这种文化中，成年后持续从事正式工作是大多数人的选择。

为满足自身需求而工作与为满足外在期望而工作，这两者之间的差异带来了一个问题。这种转变是何时发生的，为什么这种转变并不具备普适性？

也许你会感到意外的是，2000多年前古希腊亚里士多德时代，工作竟然被看作是一种必要的恶。根据哲学家的观点，人生的首要目标是"尤达摩尼"（Eudaimonia），字面意思是"幸福"，但更好的表达是"兴旺"。用亚里士多德的话来说："生活中沉思越多，就会有越多的幸福。"思考自己在人类生存中的位置，被视为最值得做的事情之一，至少比"赚钱讨生活"更重要，亚里士多德将"赚钱讨生活"描述为"与自然相悖的事物……因为它仅仅是达到其他目标的手段"。

在接下来的1500年里，世界上大部分地区要么对工作持怀疑态度，要么仅仅将其视为满足基本需求的手段。天主教对工作的观念加强了后一种理念。

基督教旧约的第一本书《创世纪》中提到上帝在谴责亚当吃了生命树上的果实时，提及了工作。上帝告诉他，只有"通过痛苦的劳作"，亚当才能继续吃果实，也只有"靠着你的汗水，你才得以吃饭，直到你归于土"。后来，在新约中，圣保罗（St. Paul）更是直接警告不要懒惰："不劳者不得食。"谈到那些拒绝工作的人，他表示："不要与他们交往，要让他们感到羞愧。"

这个教义很直白地认为：工作是一种责任。然而，这一观点只适用于局限的范围。我们可以在13世纪天主教神父托马斯·阿奎那（Thomas Aquinas）的言论中看到这一点。他认为"劳动仅仅是出于'自然理性'，是为了维持个人和社区的需要"。人们应当工作，但目的是满足我们家庭和社区的需求。

16世纪时，马丁·路德（Martin Luther）和约翰·加尔文（John Calvin）扩展了这一定义，后来，这个定义成为新教改革的一部分。改革者对宗教领袖感到失望，指责他们在修道院里懒散度日。他们的攻击点是人与工作的关系。马克斯·韦伯总结了这种转变，称尊崇上帝的方式"不是通过修道院的苦行主义来超越世俗道德，而是通过履行个人在世界中所处位置所赋予的责任来实现。这就是他的使命"。

随着"使命"概念的引入，路德和后来的加尔文都希望削弱天主教会掌管个人与上帝关系的权力。路德对教会的"赎罪券"制度提出了质疑，在该制度中，人们向教会支付费用，以赦免罪恶。他认为，个人应该能够自己与上帝建立关系。加尔文配合路德提高个人自由度的理念，提出新的观点：每个人都注定要通过特定使命来事奉上帝，在自己使命领域努力工作，决定了个人与上帝关系的状态。

20世纪40年代，哲学家艾里希·弗洛姆（Erich Fromm）总结

第三章 工作，工作，工作

了这种转变，称"在 16 世纪以来的北欧国家，人们发展出了一种对工作的强烈渴望，这在之前的自由人身上是少有的"。随着宗教改革的进行，工作本身成为了目标，而不再是一个疯狂的想法。人们从一个主人——天主教会，转向另一个主人——他们的职业。人们从原本臣服于天主教教会，转而臣服于自身职业。虽然人们拥有了更大的自由和自主权，却产生了焦虑和不安，因为总是不知道自己工作是否足够努力，或是否做得正确。在过去，天主教教会的期望一直是衡量"善良"的标准，而现在，对许多人来说，这些标准不再适用。

在过去的 500 年里，这种自由让我们走向了许多不同的方向，但天主教和新教对工作的构想依然伴随着我们。企业家加里·韦纳丘克（Gary Vaynerchuk）在他的著作《把一切做到极致》（*Crush it*）中告诉我们"在其他人醒来之前醒来，工作到深夜。奋斗"，他接受了这样的信念：将工作责任和对工作的绝对投入都视为生活中不可或缺的一部分。奥普拉·温弗瑞（Oprah Winfrey）以现代的方式诠释了加尔文的使命观，认为"我们每个人都有自己的使命"，对她来说，"成功的最好方式是，发现你所热爱的事业，然后以一种服务的形式提供给他人，努力工作，并让自然的能量引导你"。

天主教和新教对工作的看法深深地嵌入了"默认工作路径"这一现代工作观，并普及到全球，但这些观念已经脱离了它们最初产生的时代和传统。宗教学者指出，新教的"工作伦理"不仅仅是对工作的盲目迷恋，还伴随着节俭、自律和谦卑的品质。然而，随着越来越少的人寻求宗教智慧来指导人生，宗教色彩的工作观也越来越被淡化。

安妮·海伦·彼得森（Anne Helen Peterson）的文章《千禧一代如何成为职业倦怠的一代》被广为传阅，她在文中表达了对工作的困惑，认为自己内化了"我应该一直工作"的想法。"为什么我会内化这个想法？因为我生活中的一切和每个人，从我很小的时候就开始明里暗里地强化这一点。"

彼得森与我有着相似的经历。在我成长的过程中，工作成为如此显而易见的生活目标，以至于我从未停下来质疑过。大人们一直谈论工作，并不断问我，长大后想做什么。学校强化了这种观点，我们学会努力学习，以取得好成绩，获得一份好工作。随着年龄的增长，我们确信，一个好的职业是生活中最重要的事情。后来，我震惊地发现，在人类历史的大部分时期，情况并非如此。

◆ 这是一个反常现象！

> 受过教育、勤奋工作的大众仍在做被要求做的事，但不再得到应得的。
>
> ——塞斯·戈丁（SETH GODIN）

现代版本的默认路径诞生于二战后，也就是经济空前增长期。这种思维转变由美国主导，因为当时其财政和工业占据优势，在这段被称为"长期繁荣"的成功时期内，其年度GDP增长率至少为四到五个百分点，且已经成为常态。

第三章　工作，工作，工作

这种经济形势创造了收入丰厚、福利完善、职业机会多样的全职工作岗位，使广大中产阶级达到了新的财富和物质水平。哈佛大学的拉吉·切蒂（Raj Chetty）教授发现，二战后出生的十人中有九人经济状况好于他们的父母。随着时间的推移，人们开始期待生活中的持续进步。约翰·斯坦贝克（John Steinbeck）在其1966年的著作《美国和美国人》（America and Americans）中捕捉到了这种情绪：

> 孩子应该长得像父母，并像父母一样生活——这样的观念再也不被接受，现在的观念是，孩子必须比父母长得更好，生活得更好，知识更渊博，穿得更华丽，如果可能的话，不再从事父亲所从事的普通职业，转而从事专业化职业。这个梦想触动了整个国家的心弦。

婴儿潮一代出生于这一时期的中期，他们成年时，正值这一时期的尾声，在20世纪末，他们崛起，成为全球性机构的领导者。到了我2007年大学毕业时，围绕一个好的公司职位构建生活的观念是如此神圣，以至于几乎每个人都忘记了，仅仅100年前，大多数人还在农场工作。

出生在婴儿潮一代之后的彼得·蒂尔（Peter Thiel）在他的著作《从零到一》（Zero to One）中反思了这种心态，他说："由于追踪职业轨迹的方法对他们（婴儿潮一代）有效，他们无法想象这对他们的孩子不再有效。"

同为婴儿潮一代的资产管理者、作家吉姆·奥肖内西（Jim

O'Shaughnessy）认为，这种生活方式是有缺陷的，他那一代的错误在于假设对他们有效的道路将永远有效：

> 我们犯了一个错误。我指的是，我们这代人和我父母这代人。我们错误地将1946年到1980年这段时期的特殊情况视为常态。不，不是！那是反常现象！在那个时期，第二次世界大战刚结束，其他国家的工业生产能力被摧毁，美国成为了全球制造业的主导者。因此，那种认为可以在一个公司工作一辈子，拿着荣休礼物金表退休，并且能够养活一家四口的观念，其实是一种异常现象。

在那段时间里，选择退出默认的生活路径会是一个错误，因为正如蒂尔所说：" 无论你是1945年、1950年还是1955年出生，你生命中的前18年每一年都会变得更好，而这并不是你个人努力的结果。"

数十年后，到我大学毕业的时候，我曾认为，大公司稳定的职业路径是通往美好生活的途径。现在我知道，某种特定工作方式带来的结果，实际上是偶然情况造成的。使人们能够蓬勃发展的路径，是独特的经济和历史环境的结果，而当我踏入职场时，这些环境已经不复存在。

回顾我父亲工作了41年的公司，就能证明这一点。在他职业生涯的前20年，也就是在20世纪80年代和90年代，公司的销售额平均每年增长超过14%。在接下来的21年里，增长速度放缓到略高

第三章 工作，工作，工作

于四个百分点。我父亲年轻时并没有加入一家又大又无聊的公司；相反，他加入了一个火箭般飞速成长的公司，类似 2000 年代快速增长的科技初创公司。

直到 30 岁出头，我才开始怀疑有些事情不对劲。和我认识的许多人一样，我单身，租房居住，在一个远离家乡的城市生活和工作。那些组建了家庭的人被托儿、医疗保健和住房的费用压得喘不过来。我们步入成年时，以为可以照搬父母的经历，但实际上情况远比那时更复杂。正如奥肖内西指出的，支持有意义生活的因素，如各行业的经济增长、年轻人口、双亲家庭、慷慨的养老金和公司忠诚度，这些都是过去的时代所特有的异常现象。

我在开启职业生涯时，并没有理解这一点。此外，我也太深陷于一种新观念无法自拔，即工作不仅仅是为了生活，工作应该是生活中最重要的事情之一。

◆ 被赋予了意义的工作陷阱

我们这一代人，进入职场时怀着很高的期望。我们不想把工作仅仅视为一种职责，我们也希望工作有意义且令人满足。我们想要奥普拉所谈及的现代版"使命感"。

这个观点在 20 世纪 90 年代末开始流行起来。在耶鲁大学教授艾米·雷斯涅夫斯基（Amy Wrzesniewski）与他人合作的著名研究项目"工作、职业和使命"中，人们被问及，他们是将自己的工作定义为职业、事业还是使命。将工作定义为使命的人认为，他们的工作"与生活密不可分",他们工作"不是为了经济利益或职业晋升,而是为了工作带来的满足感"。研究人员大胆地得出结论,如果人们能找到他们视为使命的工作,将会改善他们的"生活、健康和工作满意度"。

虽然加尔文主张,使命是命中注定的,但雷斯涅夫斯基和她的合著者提供了一条通往满足感的新路径,我们需要做的,只是找到一份更好的工作,甚至简单些,改变我们对工作的心态。这个想法传播开来,包括我自己在内的许多人,开始寻找我们自己的现代使命。

我在通用电气的第一年,为了应对年轻员工的抱怨,公司开始在社交媒体上建立招聘网页,并努力改造自身形象,以吸引潜在员工。公司想将自己塑造成年轻人建立职业生涯的"酷炫"之地。像通用电气这样的公司,之所以愿意做出改变,一个重要原因是来自加利福尼亚新兴科技行业的竞争。科技行业提供的福利,看起来好得难以置信,而这一转变是由谷歌引领的,谷歌通过登上2007年"最佳工作场所"榜单的第一名引起了人们的关注。

我记得读到对他们提供的福利的描述后,顿感艳羡不已:

> 在谷歌,你可以洗衣服;享受干洗店服务;换机油,洗车;在健身房锻炼;参加有补贴的健身课程;享受按摩;学习汉语、日语、西班牙语和法语;还有,让个人礼宾服务部门安排晚餐预订。当然,你也可以在公司现场理发。想买混合动力车吗?公司会为你提供5000美元用于购买这种环保型汽车。

第三章　工作，工作，工作

谷歌已经进入了我心目中的知名公司名单，而且与其他公司相比，它是那么与众不同，当时，它是唯一一家承诺工作可以兼具乐趣的公司。当我开始在通用电气工作时，我对于工作关系良好的唯一理解是"工作与生活相互平衡"，这是在21世纪初流行的概念。尽管这个术语如今仍在使用，但感觉它好像属于另一个时代。

在2010年代，人们逐渐期望工作应该具有意义，这成为大学毕业生的默认期望。年轻人不再只是想在一份工作中消磨时间，而是希望找到一份充满激情、目的和乐趣的工作。到了2019年，对美国和加拿大的工作者进行的一项调查发现，除了提供良好的薪酬和福利，超过78%的人认为，"雇主还有责任保持员工的心理和身体健康"。

各个公司都在竭尽全力跟上这些日益增长的期望，这一点可以通过浏览知名公司的招聘网页轻易观察到。这就是我在2021年初所做的事情，我编制了一份来自100多家公司的招聘口号清单。以下为节选的几个例子：

- 脸书（Facebook）："做你一生中最有意义的工作"
- 麦肯锡（McKinsey）："拥有符合你使命的职业"
- 罗普斯与格雷律师事务所（Ropes & Gray）："书写你自己的职业故事"
- 菲利普·莫里斯烟草公司（Phillip Morris）："改变世界"
- 康卡斯特电信公司（Comcast）："与我们一起创造未来"
- 微软（Microsoft）："做你热爱的事情"
- 西尔斯百货公司（Sears）："能改变你职业生涯的职位"
- 花旗银行（Citibank）："探索你的下一次冒险之旅"

2007年，我大学毕业时，谷歌承诺让工作变得有趣是个例外。现在，每家公司都在努力像谷歌一样。当整个一代的工作者认为，工作应该不仅是生活中最重要的事情，而且还应该让他们在生活的各个方面都能茁壮成长时，员工对工作期望的不断增长，使得公司间的竞争形势日益严峻。

不过苏塞克斯大学贝利（Bailey）和麦登（Madden）教授的研究会让人们怀疑，这些期望是否能够实现。在研究中，他们对10种不同职业的135位个体进行了深入访谈，询问他们工作中最有意义的时刻是什么。结论是："帮助人们在工作中找到意义是件复杂且有深度的事，远远超出了相对表面化的满足或参与感。"两位教授的研究发现，与快乐不同，有意义的经验"与复杂、不舒适甚至痛苦的想法和感情相互交织，而不仅仅是纯粹的喜悦和幸福"。

尽管在大部分职业生涯中，我认为我想要在工作中获得乐趣和快乐，但当我回顾职业生涯中最有意义的时刻时，它们往往是克服障碍，或者战胜挫折，完成一些我以为做不到的事情的时刻。

这不同于大多数公司所承诺提供的福利，且越来越与很多人期望工作带来的体验大相径庭。

❖ 我们身处一个工资制社会

社会学家安德烈·高兹（André Gorz）在20世纪下半叶探讨了工作在社会中的角色。他认为，许多国家已经演变成了通过正式工作获得"社会成员资格"的地方。他将这些地方称为"工资制社会"

第三章　工作，工作，工作

（wage-based societies），在这些社会里，关键伦理是，"不管你从事什么工作，重要的是有一份工作"。

这种伦理的一个有力例证是，人们将决定全职照顾孩子的父母称为"决定待在家里"的人。这种思维方式过度简化了社会的运作方式，预设了人们的生活方式，无视了"常规"工作方式的实际情况和缺点。许多人惊讶地发现，在美国这个全球最强大的"工资制社会"，只有大约40%的成年人，即1.06亿人，每周工作超过35小时。

将工作视为美好生活的核心要素，以及将就业率视为成功社会的衡量标准，直到二战后才成为一种常见的观念。1946年，美国通过了《充分就业法案》，以"促进最大限度的就业"，至此，才正式确立了这种观念。

这创造了一个明确的衡量标准，每个人都可以用这个标准来评判政府的表现，今天，政治领导人尽一切可能来保护或创造就业岗位。一个引人注目的例子是2009年，当时美国总统巴拉克·奥巴马（Barack Obama）明确提到，他之所以不愿追求更雄心勃勃的医疗政策，是因为要保住就业问题：

每一个支持单一支付者医疗制度（single-payer healthcare，指由单一的公共实体，通常是政府为所有公民的医疗费用买单的医疗系统）的人都会说："看看我们可以从保险和文书工作中节省下来多么巨额的资金。"但这意味着，大型医疗保险公司如蓝十字蓝盾（Blue Cross Blue Shield）或恺撒医疗（Kaiser）的100万、200万、300万个工作岗位的消失。我们该怎样安排这些人？我们到哪里给他们找就业岗位？

>>>> 无路之路

无论单一支付者医疗制度是否会改善生活,这个决定表明,至少在美国,政府领导人更倾向于创造或保留工作岗位,而不是冒险失去它们。对奥巴马来说,这也是一个明智的决定,因为在2008年经济衰退后,医疗部门是少数几个就业持续增长的领域之一,而良好的"就业数据"是奥巴马能够赢得连任的关键因素之一。

对大多数人来说,有工作总比没有工作好,失业的成本在学术研究中有充分的记录。斯特灵大学(University of Stirling)的研究人员发现,失业的人会变得不那么友善、不那么努力工作、不愿意尝试新事物。另一项研究显示,尽管失业男性有更多的空闲时间,但他们的志愿服务频率要低于就业的男性。

基于这一分析,你可能会得出结论,毋庸置疑,工作本身是好的。但遗憾的是,这种思考方式,因为工作方式的剧烈变化而受到挑战。2016年,经济学家劳伦斯·卡茨(Lawrence Katz)和艾伦·克鲁格(Alan Kreuger)指出,被美国政府归类为"替代性"或"非传统"工作者的群体有3000万人,他们几乎贡献了2005年到2015年间美国所有的就业增长,增加了近1000万个工作岗位。

麦肯锡公司在整个欧洲也发现了类似的趋势,预计美国和欧洲共有超过1亿人是"非传统"雇员。麦肯锡将这些工作者与"传统"员工进行了比较,发现在收入、独立性、工作时间、灵活性、创造力甚至认可度等十五个不同的工作特征上,他们感到满意或更满意。尽管这一群体相当庞大,但他们没有一个团结一致的声音,人们常常惊讶地发现,这些"另类"工作者大多过得很开心。

除了忽视这种新的工作方式,我们往往忽视了工作中浪费的巨

第三章　工作，工作，工作

大精力和努力，这种情况在许多工作中普遍存在。在大卫·格雷伯（David Graeber）的著作《毫无意义的工作》（*Bullshit Jobs*）中，他通过许多个体的故事，展示了那些确信自己工作毫无价值的人的处境。但如果你正处在这样的工作岗位上，没必要向别人指出这一点。

我第一次遇到这种情况是在大学第一年结束后，在一家大公司实习时。实习几周后，副总裁告诉我，他有一个特别的项目要交给我。他想让我在接下来的几个星期里，去翻阅几箱文件。据说，其中一箱文件包含了公司对阿梅莉亚·埃尔哈特（Amelia Earhart）的飞机进行维修的记录[1]。起初，能为公司的高层领导做这个项目，我感觉很酷，但随着我在文件盒中搜寻数天后，那种兴奋感很快就消失了。

当我质疑在这个项目上浪费的时间太多时，人们迅速转移了我的话题，说："这可能很糟糕，但至少你有东西可以写在简历上！"或者"每个人都得工作，你又能怎么办呢？"或者"你应该感激有人付你工资。"没有人愿意去探讨这个根本性问题："为什么这么多成年人要把自己的时间花在明显毫无意义的任务上？"

我在同一家公司的另一个部门进行第二次实习时，跟一个五十多岁的男士共用一个隔间，他每天花五到六个小时上网打印有关名人传记。另一个实习生带了一个枕头，每天在办公楼另一个区域的空置隔间里午睡。我学习过高等数学和物理，以为会用到这些技能，但实际上，我整个暑假都在 Excel 表格上做简单的数学计算。想到余

---

[1] 译者注：阿梅莉亚·埃尔哈特（Amelia Earhart）：美国 20 世纪 30 年代著名的女飞行员，在飞行历史上有着重要的地位

生都要忙于这种无聊的杂事，我感到害怕，这促使我不断寻找更好的机会。这也正是我努力想要进入战略咨询行业的原因，这样，我就不必花费太多时间来勉为其难地做那些不喜欢的事情。

在麦肯锡，证明你对工作的投入有着不同的方式。工作内容有趣得多，人们似乎在无止境地寻找更多的工作来做。在我上班的第一个星期，我的经理告诉我，我需要每周工作40～50个小时，我确实按照她的话去做了。然而，我的大多数同事每周工作50到60个小时，甚至更多。

当我在下午五点半离开办公室时，同事们总是笑着说："保罗可以这样做，他不一样。"我以为我只是效率更高，担忧较少。实际上，我从未认同以工资为基础的心态，也永远无法完全投入得将工作置于生活的中心。

最终，现状必将会改变。

第四章

觉 醒

当我重新审视自己的生活时,开始慢慢意识到,我身处其中的那个现实,实际上是一个自己创造的无形泡沫。我开始挑战现实的边界,但并不确定这会导致什么结果。

无路之路

> 你我最终之所以是幸运的,就是因为很早就取得了成功,很早就意识到成功算不了什么。
>
> ——大卫·福斯特·华莱士(DAVID FOSTER WALLACE)

我并没有预先全面设想辞职计划。即使在辞职多年后的现在,当人们询问我的心路历程时,我比你想象的还要困惑。选择离开全职工作,并不是一个突然的大胆决定,而是缓慢觉醒的过程,我逐渐意识到,正在走的道路并不适合自己。

在讲述故事时,人们更容易选择讲述一个简单的版本。人们想听凸显勇气的大胆行为,而不是多年的迷茫。在离开传统工作的过程中,我从未清晰地看到我的下一步是什么。这样的经历,使我很容易在其他人的故事中发现这种迷茫的阶段,我尽力在我的写作和播客中突出这一阶段。

我的结论很简单:生活中戏剧性变化的背后,几乎总是隐藏着更长、更缓慢、更有趣的历程。

第四章 觉醒

❖ 鞋中的小石子

当我从健康危机中恢复过来时,我进入了一个充满不安的阶段,这种不安是任何遭遇生活变故的人都会经历的典型感受。

我的朋友柯·海(Khe Hy)对这个阶段有完美的描述。在金融领域从业十五年获得成功后,他选择了离职,另寻他路。然而,他花了很长时间才做出这个决定。他说:"这个决定绝对不是突然的。有点像鞋子里有个小石子,你走路时感觉有点不对劲,有点不舒服。"当他获得加薪或晋升时,这种不适感会减轻,但从未完全消失。慢慢地,他开始对这种感觉更加好奇,并意识到,尽管他从表面看起来很成功,但他已经成为自己生活的"被动参与者"。最终,这使他决定踏上自己的"无路之路"。

在康复后重返工作时,我感到了柯所形容的不适感,就像鞋子里有一块小石子。这种感觉不足以让我做出什么激烈的举动,但足以让我不安,迫使我以不同的方式关注我的生活。

当我重新审视自己的生活时,开始慢慢意识到,我身处其中的那个现实,实际上是一个自己创造的无形泡沫。我开始挑战现实的边界,但并不确定这会导致什么结果。

❖ 日历条目:列出每日优先项

如果在某一领域内存在明确的行为边界,那么,在这个界限内也有很大的自由度去适应和发挥想象力。然而,

> 这些界限需要频繁测试，以确定它们是否真的存在。需要个体有意识地来测试这些边界。
>
> ——大卫·怀特（DAVID WHYTE）

回归工作后，我感觉自己经历了一次重大的转变，但在同事眼中，我看起来又恢复了正常。我的身体是在场的，但心不在焉。我不再以一个优秀团队成员的身份参与会议，而是以一名来访的人类学家的身份观察他们。我用新的眼光看待我的同事。他们快乐吗？他们正在应对什么样的痛苦或挑战？这样度日是他们想要的吗？

一旦你提出这些问题，就再也无法回头。不是因为看到其他人生活中的矛盾，而是因为这让你很难继续在自己的生活中接受矛盾。

这激发我采取行动。我想设计一个适合自己的职业生涯，并决定从一个简单的做法开始，这个设想受到麻省理工学院校友厄尔·琼斯（Earl Jones）的启发，他曾在研究生院的课堂上与我们分享了他的领导力准则。我记得，他有一份词汇表，用来提醒他所珍视的价值观，每天早上都会在日历上弹出。

我效仿他的做法，创建了一个每日日历条目，列出了我的生活优先事项。这份清单上首先是健康。从健康危机中恢复过来后，我会做所有事情来保持健康。接下来，我的头脑告诉我列出"事业"，但我的心灵告诉我把它列在最后。这个简单的决定，让我第一次有意识地探索不以工作为中心的生活的可能性。我最后的清单包括四个项目：健康、人际关系、乐趣与创造力，以及事业。自2013年以来，这个清单每天早上八点半都会在我的手机上弹出。

第四章 觉醒

盯着这四个项目,那个顺序的安排,徒增了我的紧迫感。不知不觉中,我已经接受了一个问题,这个问题将形成我的决策:"如何设计一个不把工作放在首位的生活?"

我亲爱的读者,答案很简单,就是开始在工作中表现得不那么拼命。

不再设定闹钟,取消早上的会议,因为由此节省下来的精力是值得争取的。不事先申请就在周五远程工作,这样多省出来的24小时跟祖母相处的时间是值得拥有的。开始在办公室小睡,因为有一个午睡室,总得有人用,对吧?

我感觉自己像个叛逆者,好像做了什么错事。与此同时,我有一种感觉,以这种方式主宰自己的生活,特别是优先考虑健康,是值得的。我不再沉浸于对工作和未来打算的思考中,我有时间继续试验,放下过多的工作思绪,开辟新的心理空间,让创造性的能量进入,成为我生活中的核心力量。

◆ 第一个念头:成为职业规划师

> 创造力需要信念。信念要求我们放弃控制。
> ——朱莉娅·卡梅伦(JULIA CAMERON)

当我开始探索自己职业和生活的边界时,感觉自己分裂成了两个不同的版本。一个是"默认路径保罗",专注于继续职业生涯,寻找下一份工作。另一个是"无路之路保罗",正在找到立足点,并开始留意那些出现的迹象。这些迹象不会引导我找到另一份工作，而是引导我找到另一种生活。

我第一次根据这些迹象采取的行动，是与波士顿的一位"职业规划指导师"交谈。她跟我分享了对工作的热爱。她那感染力十足的热情，激发了我的兴趣，想要了解更多信息。

大学时期那段一流跳圈高手的经历，给我带来的福利就是，能够为朋友出谋划策。大多数人不喜欢思考职业决策，我总是自愿帮助所有寻求帮助的人。我告诉这位职业规划指导师，我多么乐在其中，并说也许有一天，我可以做她正在做的事情。她疑惑不解地看着我说："听起来你不已经是一名职业规划指导师了吗？"

她的话震撼了我。她敦促我尝试将"职业规划指导师"作为副业。接下来的几分钟里，我找借口解释为什么这不可能，但我想，我一直在等待像她这样的人把我推向一个新的方向。我终于可以将我新兴的创造性能量投入到某个方向上，我告诉她，我接受这个挑战。

距离我"启动""职业规划指导师"实验还有一段时间，但我立即动手开始做了。首先我建立了一个网站，Careerswithpaul.com，并写了几篇文章，讲述我为什么喜欢帮助人们解决职场难题。我在这个项目上摸索了几个月，沉迷于办公桌前的副业活动，无法自拔，只要有机会，我就偷偷挤出几个小时来做，回家后也继续干。这个写作和创造的阶段令我兴奋不已。这与我的日常工作形成了鲜明的对比，在我的日常工作中，我工作很努力，但工作方式相对稳定和可预测，缺乏新鲜感和挑战性。

"默认路径保罗"没有将这项工作公之于众，而是策划了又一

第四章 觉醒

次工作变动，工作地点在纽约市，工作内容是为大公司的首席执行官和董事会成员提供咨询服务。尽管我的兴趣和精力发生了明显转变，我仍在寻找那个难以捉摸的理想工作，还没有考虑过成为自由职业者。

纽约并没有可以找到的梦想工作，但一到这里，这座城市的能量就给我生活的每个方面注入了动力。我开始运动，穿更好的衣服，感觉更自信。至于在职业发展指导方面的进展，我加入了一个为第一代大学生提供两年辅导的计划，并最终发送了一封电子邮件，向 100 个最亲密的朋友和家人宣布，我要兼职做职业规划指导师。我怀着紧张的心情发送了那封电子邮件，因为它就像"无路之路保罗"的出柜派对，这是我之前一直隐藏的一面。

我获得了前两位付费客户，我喜欢挑战自己做一些新的事情并独立完成。这推动我做了更多的实验。在接下来的一年里，我启动了一个职业规划指导师团队工作坊，创建了一个辅导简历的在线课程，开始公开分享我的写作，指导几位客户应对职业和生活转变，甚至受邀做了两场有关职业规划的付费演讲。

我对世界的看法正在转变，这既令人兴奋又令人迷茫。多产的创作者和作家奥斯汀·克莱恩（Austin Kleon）说："创造性的工作依赖于不确定性；它依赖于对所做的事情的不可知性。"创造性地找到新的人生道路也是如此。我在宣布从事指导师工作的电子邮件中承认了这一点："这就是我现在的状态。我要把这个兼职继续做下去，我想首先与你们分享。我知道这将带领我走向何方吗？不，但我迫不及待地要去发现。"

无路之路

我对自己的生活负起更多责任，并开始质疑对工作的信念。当我们谈论工作时，经常说"我学到了很多！"在咨询行业工作的最初几年，这是真的。我在很多领域都有所成长：写作、更好的演讲、沟通技巧和研究。然而，几年后，我被激励学习的内容变得只与该组织相关，例如，如何处理政治冲突，如何用某些行为、着装和态度来显示自己可能成为未来公司的领导者。然而，我在这些方面做得很糟糕，我的动力急剧下降。

丹尼尔·瓦萨洛（Daniel Vassallo）描述了他在亚马逊工作十年后经历的类似转变："一切都很顺利，而且越来越好。但尽管如此，我每天早上上班的动力却在减弱——几乎与我的职业生涯和收入增长呈相反的趋势。"他得出结论，"只有内在的动力才能持久"，并决定放弃舒适的六位数薪水，创造一个围绕灵活工作、自己的兴趣和家庭而设计的生活模式。

在全职工作中缺乏动力，使我更容易专注于我的副业，尽管不知道这些副业项目将走向何方。面对这种不确定性的唯一选择就是，接受作家和教育家乔治·莱昂纳德（George Leonard）所说的"傻瓜精神"（the spirit of the fool）。他认为，当你开始学习任何新事物时，你会"感到笨拙，会遭遇实际的或比喻意义上的摔跤。这是不可避免的"。

我喜欢自己像个傻瓜的感觉，以及学习新事物带来的兴奋感。唯一的问题是，我在全职工作中感到痛苦。

第四章 觉醒

◆ 对当前工作热情渐逝

我花了一年半的时间才承认，我不喜欢自己的全职工作。我花了多年时间塑造我认为自己应该成为的形象，并努力寻找符合这个形象的工作。很难承认，我以为自己一直在建立的基础其实是极其脆弱的。

我第一次表达"自己出去单干"的意向，是在经理对我进行年度绩效考核的时候。在俯瞰纽约摩天大楼的高层办公室里，我承认，我可能来错了地方。他说了些关于我在接纳公司文化方面有困难的话，我没有和他争辩，而是坦白承认："我对这个工作没有热情。"

我告诉了他我尝试做职业指导师的事情，还有，我在全职工作外感到多么兴奋，在全职工作内就感到多么愤世嫉俗和沮丧。这是我第一次既诚实地面对我的经理，又诚实地面对自己。当我分享完我的反思时，我很自责，出乎意料地，我一时语塞了，发现自己快要流泪了。这实际上是我放弃默认路径的第一步，尽管当时我并未意识到这一点。

我回到办公室，坐在桌前，茫然地盯着屏幕。我大学时期制作那份梦想工作的表格时，如果你告诉我，我不仅会为其中的一些公司工作，还会直接与一些世界闻名的 CEO（首席执行官）合作，我会感到振奋，也会认为那正是我想要的。

而当我坐在这里时，我意识到，自己对这一切的渴望已经消失了。

我被聘请来负责建立一个咨询部门，第一年取得的成功让我得到了加薪，公司还要求我为不断壮大的团队制定一个新的职业发展方案。当时,我觉得自己在公司有未来。第二年,我开始做一个预计需要三个月完成的内部项目。然而,当这个项目拖延了一年多时,事情开始变得糟糕。我对蜗牛般缓慢的进展感到沮丧,就在那时,那种鞋里掉进了小石子的感觉强烈到无法忽视。

从现在的角度看,我在公司没有未来,到我和经理谈论我的绩效时,事情已经在走下坡路。然而,我仍在为晋升而努力工作,为我的职位规划了一条跨越多年的职业道路。根据那些离开默认路径的人的经验,这种矛盾阶段很常见。你做最后的努力,执着于现有的道路,尽管所有证据表明这条路已不再奏效。

我最大的障碍是无法想象另一种生活。我做的一些富有创造性的尝试固然令人兴奋,但它们并没有提供明确的下一步计划。我发现,自己更容易朝着获得加薪或晋升的方向努力,而不愿意冒险提出更深层次的自身发展问题。

威廉·雷利(William Reilly)在1949年出版的著作《如何避免工作》(*How To Avid Work*)中,有一段话准确地描述了我当时的情况:

"你的生命太短暂、太宝贵,不值得在工作中虚度。"

如果现在不退出,最终,你可能会像放在火炉上的清水锅里的青蛙。随着水温逐渐升高,青蛙感到不安和不舒服,但不足以让它跳出锅外。在察觉不到变化的情况下,青蛙被温水所蒙蔽,最终陷入无意识状态。

当一个人被安置在他不喜欢的工作中时,也会发生类似的情况。他会陷入烦躁的状态。他的工作职责很快就会

第四章 觉醒

变成单调的例行公事，慢慢地，他的感官变得迟钝。当我走进办公室、工厂和商店时，我看到人们经常是面部表情空洞，动作机械。他们的思想似乎被麻痹了，正在慢慢死去。

我感觉自己的某些部分正在被当前的职业生涯勒紧，让我感到窒息，我想要让这部分得到呼吸。

我必须做点什么。

◆ 我到底价值多少

尽管我曾说过我想要"自己干"，但我的行动还没有发展到那一步。在我坐在经理办公室里快要流泪的几个月后，我做了感到沮丧时总是做的事情。我开始寻找另一份工作。我仍然认为理想的工作就在转角处。

纽约的另一家咨询公司似乎提供了一条出路。我读了该公司创始人撰写的一本书，讲述了一种围绕自组织（一种管理和组织方式，其中组织的各个部分被赋予更多的自主权和自我管理能力）展开公司运营的新方式。这些理念让我兴奋。在与公司进行了几次很棒的面试后，我进入了即将收到录取通知的面试阶段。通常，我会告诉自己，这是一个关于我职业生涯中完美的下一步的故事，但这次我却有不同的感觉。团队负责人打电话跟我讨论细节。他单刀直入地说："我们希望你加入我们的团队，但我们提供的薪资比你目前的薪水少5万美元。"

这对我的自尊心是一个打击。我值更多，绝对应该是比目前的薪水多 5 万美元。

他辩称，由于我对这项工作充满激情，所以值得接受降薪。我假装这是合理的，并告诉他，我需要几天时间考虑一下。挂断电话坐在那里，我感到不安。我到底在做什么？我真的是在寻找自己热爱的工作，还只是像往常一样盲目追求在现有事业基础上的发展？

低薪的报价是个意外的幸运，这迫使我思考金钱的问题。赚更多钱，并不是我手机上每天早上阅读清单中的优先事项。那么为什么我如此执着于我认为自己值多少呢？

2008 年，律师肯尼斯·费恩伯格（Kenneth Feinberg）被任命一个职位，负责为卷入全球金融危机的银行高管们制定薪资标准。他不得不告知前一年赚了 500 万美元的高管，他们在接下来的一年，只能赚 100 万美元。他预计他们会沮丧，但鉴于经济面临的更大挑战，他们会理解。事实并非如此。大多数人感到愤怒。他意识到：“这些公司高管视他们的薪酬为自我价值的唯一衡量标准。”费恩伯格不仅是在降低他们的薪水，更是冲击了这些高管对自我身份的认知。

我声称不在乎钱，但事实是，我比想象中更像那些高管。

我拒绝了这个薪资报价，并开始思考更难以回答的问题。为什么我明知自己处于一个不好的职场环境中，还在努力寻求加薪？我追求的是什么？为什么我每两年就换一次工作？我鞋子里的小石子到底在告诉我什么？

这些问题激发了我一个想法：如果我减少薪水的同时，也减少工作时间会怎样？

第四章　觉醒

我开始想象一条新的道路。为什么不尝试以自由职业者的身份做我想做的工作，同时也拥有更多的灵活性和对生活的控制权？

第五章

突破束缚

人们致力于成为"好员工","成功"意味着让客户、顾客和经理满意,同时符合公司的文化规范。不幸的是,对公司而言的"成功",并不总是与个人最大利益相一致。突破束缚,意味着在辞去工作的同时,也要承担失去重要身份的责任。

> 有些人将价值观及相应的行为模式看作是他们生活的传统，代代相传，就像继承了一座房子一样。而我们中的一些人则不得不烧毁那座房子，找到自己的立足之地，从零开始建造，即使这是一次心理上的蜕变。
>
> ——丽贝卡·索尔尼特（REBECCA SOLNIT）

◆ 自我评估：我并非理想中的自己

在拒绝了这份工作机会之后，我花时间反思了自己想要的是什么。我重新阅读了我在商学院领导力课程中写的一封信。在信中，我将领导者的定义拓宽为，在生活的各个方面都可以成为"榜样"的人。我用短语、引言、观点和信条的语言形式，具体列出了九项原则，我希望将这些原则融入到自己的职业生涯中。其中一些例子包括，争取做一个有同理心的领导、保持谦卑、尽可能注入幽默、

第五章 突破束缚

避免过于严肃、勤于学习、独立思考，通过工作为他人创造难忘的体验。

我决定把这些原则转化为自我评估，并审查每一条原则，按照一到十的等级评定自己。有几个方面得分很低。首先，工作中，我对新事物的好奇心和热情荡然无存。其次，我很难从积极的角度独立思考问题，我变得愤世嫉俗和好斗，而不是寻找产生积极影响的方法。最后，我对待工作过于严肃，在某些时候，失去了幽默感，花费了太多时间陷入公司政治中。

简单来说，在工作中，我是一个脾气暴躁的人，对领导者的意图越来越愤世嫉俗，除了最新的办公室八卦，没有学到任何东西。

内心深处，我很清楚自己在工作中面临的这些问题，但我没有选择去正视它们。自我评估的分数让我意识到，我在努力成为自己认为可以成为的那种人。杰瑞·科隆纳（Jerry Colonna），一位由投资者转型的职业指导师，会问他的客户这个问题："你是不是默许了自己不喜欢的现状的存在？"经过反思，我意识到，我也是那个默许者。我开始明白，如果想让事情有所改变，完全取决于我自己。

在商学院时，我设想了自己未来的形象，包括作为领导者和个人的特质。五年后，我意识到，我正朝着错误的方向前进。当时我写下那篇论文时，我的世界观是，我的原则会战胜环境。如果这些原则对我仍然是重要的——事实也确实如此——我就需要更多创造性地思考如何能在生活和职场中实现它们。

◆ 一切将我引向必然的方向：辞职

"我想，我该寻找新的机会了。"

我在佛罗里达州萨拉索塔（Sarasota）的一家酒店房间里写下了这句话。我到那里度个周末，参加一个朋友的婚礼。在去游泳池之前，我打开笔记本电脑查看工作邮件，看到经理发来了几封邮件。

这些邮件没有什么特别的，但那天，我无法假装关心最近发生的客户紧急情况。任何直接接触客户的人都知道，这项工作总是很琐碎。几乎每个人都会默认，有些问题并不那么重要，但几乎每个人都不得不拿出诚惶诚恐的应对态度。

我告诉经理，我觉得他的邮件过于激进。他不认同我的看法，我们来回争论了一番。在一段对话结束时，我又补充道："我觉得我应该考虑寻找新机会了。"他把这句话理解为正式辞职，可能自从我在他办公室哽咽以来，他一直在期待这一刻。我当时并没有刻意想要辞职，可是，我无法鼓起勇气告诉他这一点。

我坐在酒店房间里，不知道该怎么想。我有能力撤回之前表达的意愿，但我没这样做。我感到兴奋，但也很困惑。我刚刚辞职了吗？我走下楼，来到游泳池边，参加周末婚礼，看到一个朋友，我说："我想我刚刚辞职了。"

生活很多时候就是这样。我们在某件事情发生的那一刻感到惊讶，但回头看时，我们意识到一切事情的发生都是有迹可循的。失去祖父，屡次工作面试遭拒，从未找到合适的位置，面临健康危机，所有这些都将我引向一个必然的方向，这个方向只有在反思时才变

第五章　突破束缚

得显而易见。

在决定辞职的那一刻，我认为这是唯一的选择。这个决定只花了我 10 秒钟的时间，在一封电子邮件的底部按下发送键而已。

◆ 在人潮中通勤

公司要求我，离职前继续留在岗位上三个月，培训我的接替者，并帮助团队过渡。三个月的时间，对我来说也太漫长了。

每一天都毫无波澜。我坚守着每天的日常，清晨抵达地铁 7 号线站台，登上从皇后区到曼哈顿的单程列车。然后，我将自己塞进人群中，成为涌向工作圣地的庞大打工人群中的一员。

每天，我都在寻找生活的意义。我强作笑容，四处张望，看看是否有人回应。但从来没有人回应我。所以，我放弃了，我不露声色地换上了一副事不关己的假笑，似乎每个人都明白这是正确的表现方式。

列车驶入中央车站时，人群开始活跃起来，人们争先恐后地穿过迷宫般的楼梯和隧道，踏上各自的行程。我有自己的专属路线，知道如何以最快的速度和最优的路线赶往我的办公桌。在这里工作的第一天，也是我第一次在纽约市工作，当我走过车站中心时，我停下来，深深地吸了一口气，感觉很特别——实际上确实很特别。但现在，我不想参与其中，尽管每天早晨我仍然继续按部就班。我工作的大楼现在被称为大都会人寿大厦，建于 1963 年，毗邻中央车站，建造时曾受到普遍抨击。建筑评论家艾达·路易丝·赫克斯特布尔（Ada

Louise Huxtable）称其为"毫不费力的平庸之作"。

我的办公室在这栋大楼的第20层，办公室的家具可以追溯到20世纪70年代或80年代。高级合伙人的办公室位于建筑物的外墙沿线，视野开阔，这些高级合伙人大多数仍旧是男性。数十年过去了，这些办公室的位置和大小，依然是衡量办公室主人地位的明显标志。我的小办公室比隔间稍微好一些，但我还是需要努力很多年才能拥有真正的办公室。我欣赏这种等级分明的做法。许多公司似乎害怕让这种权力结构的层次变得明显可见，他们会用开放式办公室和休闲着装的规定，来加以掩饰。

在最后的几个月里，我处于两个世界之间的过渡阶段。我决定迈出一步，走向不同的道路，但还没有改变方向。我努力去理清自己的感受，被累积的挫败感和焦虑所困扰。当我想象我的未来时，一切都是空白的。我尽力假装知道自己在做什么，但这是我生命中第一次没有路线图的行动，就像没有脚本的表演。

我在做正确的事吗？

这并不重要。已经无法回头了。我正在踏上一条新的道路，我别无选择，只能去探索。随着最后一个工作日的临近，我假装很兴奋，但我只是以一种逐日度过的方式生存。

◆ 聪明如我却成了一个旁观者

我告诉自己，我比其他人聪明。我知道自己擅长什么。我总是利用完所有的假期，不加班，为朋友和家人腾出时间。当我感觉在

第五章　突破束缚

当前工作中学不到什么新东西时，就马上考虑换工作。我做这些事情的想法是，这样不仅可以避免倦怠期，还可以蓬勃发展。我想破解这个模式，让它为我所用。在最后的工作日，在身体中涌动的感觉告诉我，我并不那么聪明。

离职后的第一天，我像往常一样开始新的一天，醒来，煮咖啡。我在长岛市的公寓可以欣赏到曼哈顿天际线的美景。六个月前，我和室友决定搬到这里，希望用我们在曼哈顿支付的相同租金升级我们的公寓。这是一个美丽的地方。然而，当我望向就在一天前我还在工作的摩天大楼时，我感觉很怪异。我突然成了一个旁观者，却还不能以新的角度理解先前的工作情况。

接下来的几小时里，我在公寓里四处徘徊，最终坐下来，打开电脑。某种感觉告诉我，我需要写作，当我开始打字时，一股情感的洪流涌遍全身。多年的不满、挫败和困惑需要被释放。

在职时，我总是感觉到这些情绪的存在，但那种以工作为中心的生活作息将它们隐藏起来。现在，没有了既定的工作计划，也没有必须出现的办公场所，我不得不直面情感的全部力量。

我恢复了镇定，继续写作。文字似乎从我的内心涌出，当我写到第一页的一半时，一个词惊现了：职业倦怠。

◆ 其实这就是职业倦怠

我不可能遭遇职业倦怠。我太聪明了！职业倦怠是属于那些每个周末都在工作、每周工作 80 小时的投资银行家和律师的。过去我试着解释它，但我做不到。这个词似乎是唯一能捕捉到我过去一年所感受到的破碎感的词。

"职业倦怠"一词，由赫伯特·弗劳登伯格（Herbert Freudenberger）创造于20世纪70年代，他研究了免费健康诊所的工作人员，发现职业倦怠的主要"候选人"是那些"敬业和投入"的人，他们试图在付出、取悦他人和努力工作之间寻求平衡。他注意到，当上级施加额外压力时，人们经常会达到崩溃点。

在整个20世纪80年代，所有类型的工作都研究过"职业倦怠"现象，80年代末，对此现象已经有了数百种定义，弗劳登伯格似乎对此深感苦恼，但仍想了解，是什么导致了职业倦怠。卡里·切尼斯（Cary Cherniss）教授将职业倦怠定义为"官僚机构对专业人士自主权的侵犯"，这引起弗劳登伯格的兴趣，他认为，研究职业倦怠的正确方式是关注个人与他们所在公司文化的剥离。

这也意味着职业倦怠可能是不可避免的，这促使弗劳登伯格提出了两个引人注目的问题：

1. 如果机构的价值观念与个体专业人士的价值观念、道德准则和能力背道而驰，会发生什么呢？
2. 如果个体专业人士竭力想达到外部的、组织强加的成功和成就标准，却力不从心，结果会怎么样呢？

这些问题仍然在我们的工作场所中挥之不去，弗劳登伯格提出这些问题后的几年里，我们的经济中越来越多地出现了帮助性职业，

第五章 突破束缚

类似于他研究的健康诊所工作人员。

人们致力于成为"好员工","成功"意味着让客户、顾客和经理满意,同时符合公司的文化规范。不幸的是,对公司而言的"成功",并不总是与个人最大利益相一致,随着时间的推移,可能会出现脱节。这就是发生在我身上的事情。

在我的上一份工作中,我并没有真正融入团队。我本可以更努力地做到言必有中、衣着得体,或者花更多时间取悦经理,但我做不到。组织对我的要求,与我自己的愿望渐行渐远,而我用于应对这种脱节所花的精力,削弱了我具备的一切优点。

一份来自德国的调查报告发现,当人们感到职业倦怠时,"可能会对工作条件和同事产生质疑……"并且可能"对工作产生疏离感,开始对工作感到麻木"。这就是职业倦怠的棘手之处。如果你正在经历职业倦怠,你可能在工作中无法蓬勃发展,随着时间的推移,很容易把自己视为问题的根源。除此之外,人们普遍认为,你不应该过早离开一份工作。这样就会出现一个情况,即成百上千的人经历着职业倦怠缓慢、逐渐蔓延的过程,并且无法找到出路。

幸运的是,我找到了自己的出路,当我完成写作时,一种解脱感涌上心头。我能够原谅自己在那份工作中的一些失败,据此,我准备好砥砺前行。

❖ 哀悼的机制

> 但在那铠甲的坚硬下面,是真正悲伤的温柔。
>
> ——佩玛·丘卓(PEMA CHODRON)

为了庆祝离职,我决定去欧洲长途旅行。在订机票的时候,我最初输入了相隔两周的日期,但后来意识到,我无须在特定日期返回工作岗位。在这次旅行之前,我从未在任何地方旅行超过两周。当我在订票应用程序中将日期延长到五周时,脑海中响起了警报声。这是我第一次突破了自己的默认生活模式,之后还会有更多类似的经历。

第一周,我在佛罗伦萨观赏了美不胜收的日落,与当天认识的来自厄瓜多尔的朋友分享了一瓶廉价的葡萄酒。当城市上空绽放出五彩斑斓的色彩时,我对眼前的新冒险充满了喜悦与兴奋。

然而,第二天早上醒来时,我感觉自己得了有史以来最严重的感冒,就好像我的身体在说:"别这么快!"弗劳登伯格教授在他的研究中指出,对于一些人来说,职业倦怠涉及"哀悼的机制",因为他们需要应对"失去内在的某些东西,一些你珍视和重视的东西,你的理想"。弗劳登伯格认为,从职业倦怠中恢复过来,涉及一个哀悼的过程,以便放下那些理想。规划旅程时,我没有考虑到这一点,也没有料到在第一个月会受到如此沉重的打击。随着我的欧洲之旅从庆祝转变为休息和恢复,我放慢了步伐。

在旅行的最后一个周末,我在意大利阿马尔菲(Amalfi)海岸的

第五章　突破束缚

小村普莱亚诺（Praiano）庆祝了 7 月 4 日国庆日。跟我相聚在海滩上的，是前一天的晚餐遇到的一些人。其中一位女士是位成功的设计师，就职于芝加哥 IDEO，我们开始谈论我为什么离职。我告诉她，我想给自己留出空间，试验和探索新的想法，而不是为别人工作。她对此困惑不解，问道："换一份工作不也是可以的吗？"

一年前，我会分享我的职业抱负，并在领英（Linkedin）上添加她为好友。但这一次，我回答道："好问题，我不确定。"我活在当下，一天一天地过。感觉很好。我也感到紧张。

我将返回美国，我必须看看我能否将这些意向变为现实。

◆ 举着标牌的傻瓜

现实在纽约等待着我。我辞去了工作，没有新的工作无缝衔接。在"默认路径"上走了十年后，当下，我感到自己处于孤立无助的状态。

在纽约市生活，对改变我的现状也于事无补。身处世界上生活成本最昂贵的城市之一，赚钱的压力是巨大的。当我有稳定收入时，我并没有真正理解自己赚钱的动机。在没有薪水的情况下，不安全感、恐惧以及证明自己能力的愿望，让我明白了赚钱的动机。这引发了我一段时间里的疯狂举动，我注意到，这是离开工作没有收入的人常见的阶段之一。

我开始积极寻找自由职业项目，不愿意放过每一个机会。第一个项目是付我 1000 美元，在纽约市四处走动，找到穿 Allbirds 品牌鞋子的人，然后问他们四个问题。第一天，我在城市里随意走动，很难找到目标人群。第二天，我采取了不同的方法，买了一块大纸板，用大字写着："你有 Allbirds 吗？"我举着标牌走到联合广场公园的农夫市场上，开始找人。尽管有些尴尬，但我能够自嘲，并从中找到乐趣。充当举着标牌的傻瓜，给我带来了第一笔薪水，也帮助我从穿着衬衫和遵循礼仪的生活，仪式性地转变为更加自由的生活。

几个月后，我得到了一个更为重要的项目，与一位前大学教授合作，在波士顿组建一个非营利组织。当我签署合同的那一刻，对项目有可能失败的恐惧一下子消解了，这是前所未有的，我大大地松了一口气！我甚至最终拿到了几个较小的项目，在其中的一个月里，我赚到的钱比以前受雇于人的任何一个月都多。波士顿的项目也说服我从纽约搬回波士顿，这有助于削减我的生活成本。这些经历给了我很大的信心，让我相信，独立工作的尝试是有发展前景的，我开始慢慢步入自己的旅程。

随着我对金钱不再那么焦虑，我意识到，想要更深入地思考和探索，不限于自由职业领域，而是我的整个生活。在最初的六个月里，我体验到了非凡的自由感和对生活的掌控感。大多数时候，都是由我自己来决定何时、何地以及如何工作。这与我在以前的道路上度过的日子截然不同，让我产生了足够的好奇心去更深入探索我与工作的关系。

◆ 在"工作至上"的世界里，我是谁

在自我雇佣的最初几个月里，我读到了一篇震撼我现有认知的

第五章　突破束缚

文章,标题为"如果工作支配了你的每一刻,生活是否还值得一过?"哲学家安德鲁·塔加特(Andrew Taggart)提出的这个强有力的问题,触及了我成年后大部分时间里所经历的潜在紧张感。

到了快三十岁的时候,我都是围绕着工作来安排整个生活的。我总是在想,怎样才能找到更好的工作,或者获得更高的薪水。我开始了一项副业,帮助人们规划职业生涯,并开始写作,讲述职场如何才能变得更好。我之所以能够负担得起昂贵的纽约市公寓,是因为我有高收入,我的社交生活也是与同样高收入的朋友们一起度过的。

当时我无法想象任何其他的存在方式。我住在哪里、做什么、如何看待金钱,以及我与谁交往,都与我的工作身份联系在一起。但如果有人问我,工作是否占据了我生活的"每一刻",我会宣称:"那可不是我!"

然而,当我成为自由职业者时,我惊讶地发现,自己已经被深深内化了一个打工人的身份。我努力寻找第一个项目的过程中,如果在周一到周五的典型工作日内没干工作,我会感到内疚。当我开始远程进行第一个项目时,工作的时间和方式可以完全由我自己来掌控,但我很快就养成了每周五天去共享办公空间工作的固定习惯。许多自由职业者惊讶地发现,一旦他们不再需要为别人工作,他们的头脑中仍然有一个"经理"。

当我开始尝试如何安排我的时间时,塔加特的问题仍然萦绕在我的脑海中。他的观点深深吸引了我,他提出,我们生活在一个"工作至上"的时代,工作是一种如此强大的力量,以至于几乎每个人都首先将自己视为工作者。工作至上的概念源自德国哲学家约瑟夫·皮珀（Josef Pieper），他在其著作《休闲，文化的基础》（*Leisure, The Basis of Culture*）中首次提到了这一概念。皮珀在二战后的德国从事写作，他震惊于人们急于投入工作，却从未停下来反思他们想要建立什么样的世界。对于皮珀来说，这证明，德国社会已经抛弃了与传统休闲形式的连接。

皮珀认为，在大部分历史时期，休闲在许多文化中是人们生活中最重要的部分之一。他指出，古希腊对"工作"的翻译，字面意思是"不休闲"。用亚里士多德的话来说就是，"我们不休闲是为了休闲"，即工作是为了最终能够达到休闲的状态，休闲是生活的最终目标。现在，情况发生了反转。我们工作是为了赚取休息时间，是将休闲视为工间休息。皮珀指出，人们"误将休闲视为懒惰，误将工作视为创造力"。对皮珀来说，休闲高于工作，它是"内在的精神状态"，是"开放的理解态度，深思熟虑的观察，和对真实世界的沉浸式投入"。

当我拥抱自由职业带来的自由时，我正在打开由此带来的休闲方式，但同时也在应对我曾经完全接受的工作至上理念的持久影响，按照这个理念，我的价值来自持续工作的能力。然而，塔加特的问题仍然日日萦绕在我脑海：

如果工作支配了你的每一刻，生活是否还值得一过？

我的答案越来越清晰："不值得。"但我不知道，这对我的生活

第五章　突破束缚

意味着什么。最终，我直接联系了塔加特，他提出了三个更具体的问题：

1. 你是一个工作者吗？
2. 如果你不是一个工作者，那么你是谁？
3. 基于你对自己的认识，什么样的生活是充实的呢？

虽然这些问题令人生畏，但我准备认真去思考它们。根据塔加特的说法，在被"工作至上"主宰的世界里，"我们越来越无法轻松自如地探询、思考和回答有关人类生存的最基本问题"。当我在新的道路上获得了继续前行的信心时，我开始提出这些问题，并以开放的态度面对未来的可能性。

◆ 人生的无限可能性

在从事自由职业六个月后，我圆满结束了几个项目，决定为自己设计完全不涉及工作的自我充电式休假。我放下了作为一个"工作者"的责任，每天早上醒来后，便做自己想做的事情。大多数日子，我都不设定闹钟，睡到自然醒，然后，想做运动时就做运动，在过去所谓的"正常"工作日里在城市里闲逛。这是我第一次深刻体会到皮珀所写的休闲方式。

这样的改变，也让我感到困惑不安。当人们问起我的工作进展如何时，我给出了一个含糊的回答，试图掩饰追求这种激进实验的内疚感。

然而，我对生活的激情逐渐增长，我的好奇心也在不断飙升。我再次被创意项目所吸引，就像我在纽约时那样。其中一个项目是一个博客。几个月来，我一直打算将我命名为"无限"（Boundless）的写作内容整合起来，制作成合集，却被自由职业工作分心了。过了一段时间，在朋友格雷格（Greg）的鼓励下，我最终推出了同名的网站和播客。我并不打算通过这些项目赚钱，尽管感觉这是不符合传统商业初衷的"错误"方式，但我发现，自己真的很享受这些工作。我乐在其中。

这是我第一次如愿过上了多年前设定的生活，这些愿望每天都会在我的手机上弹出：健康、人际关系、乐趣与创造力，以及事业。我对外公开宣传的是，我在做自由职业咨询，但实际上我正在享受第一次休假，亲身体验不以工作为中心的生活是什么感觉。

我的项目，让我对工作有了超出传统的理解。在我作为全职雇员的生活中，工作是我努力想要减少的周一到周五时间范围内的事情。现在，无论我何时进行项目，都无所谓。这些项目让我充满活力，几乎不会让我感到疲惫。很长一段时间以来，我一直认为，要想在工作中更快乐，就需要一份更好的工作。现在我明白了，我只是想要与工作建立一种新型的关系，至少目前为止，是不以薪水为目的的关系。

关于工作的困惑大多源于像"有意义的工作"这样的概念，以及普遍的信念，即我们总能通过做自己喜欢的事情来赚钱。博主马克·温恩（Marc Winn）通过迅速传播的网络模因（meme）（网络

第五章　突破束缚

术语：模仿传递行为）极大地强化了这个观点。温恩翻译了安德烈斯·祖祖纳加(Andrés Zuzunaga)于2011年创建的图表,并将西班牙语中的"目的"(Ikigai)一词替换为"生活的意义"。

在温恩看来,找到你生活的意义意味着将你所热爱的事情、擅长的事情、世界所需要的事情,以及可以获得报酬的事情进行整合。如以下图表所示：

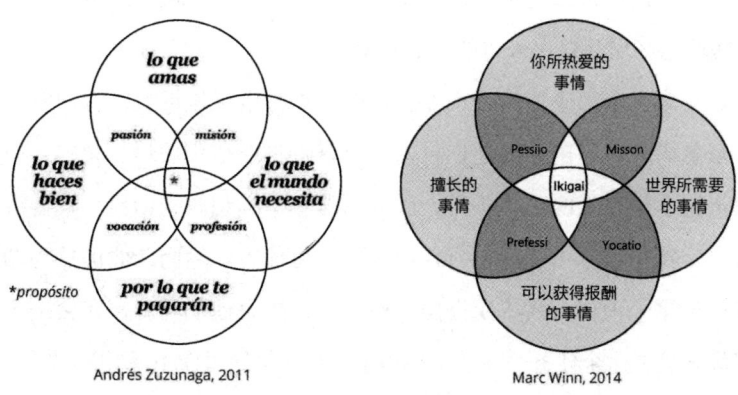

尽管很多人接受了这种版本的"生活的意义"(Ikigai),找到了自己热爱的工作,即使没有报酬也在所不惜,但我意识到,这只是一厢情愿的想法。此外,在日语中,Ikigai并不包含上述意思。相反,它最好的翻译只是:"存在的理由"或"值得为之生活的目标"。类似于对有意义工作的种种期待,太多的人将他们认为值得做的工作的想象局限于要么有薪水,要么需要资格认证,又或者是拥有社会上公认的影响力。

如果我也以同样的方式限制自己,我就会失去继续前进的所有动力。对我来说，我发现创造行为的本身就是奖励。哲学家埃里克·弗洛姆（Erich Fromm）认为，"创造性的结合"，或者说"当人在创造的过程中与世界融为一体"，是体验爱的一种方式。如果我在那几个月里没有感受到与世界深度的联系，我会认为这完全是荒谬的。

经过几个月这样的生活后，我完全敞开自己，迎接世界，但也开始担心最终需要再次赚钱。然而，我还是预订了一个为期一个月的旅行，这次是去亚洲。在出发前大约一周，一个机会出现了，这个机会将拓展我对未来可能性的想象。

一家自由职业招聘公司在旅行前一周打电话告诉我，客户有一个紧急需求，希望帮助他们打造一个咨询技能培训项目。起初，我感觉这个机会来的时机不巧，因为这是一个我想做的项目。我告诉对方，我马上要出发去旅行，他需要另寻他人。然而，他仍然力劝我申请这个项目。我决定提出一些条件，如果他们同意，我会毫不犹豫地接下这个任务。在这个项目上，我将每周工作10到15小时，报酬是我之前向其他客户收费的两倍，我会在亚洲完成这项工作。我预计他们会迅速拒绝，但令我惊讶的是，他们在我发送项目计划后的一个小时内就同意了。

在接下来的几周里，我断断续续地在不同地点进行着这个项目的工作，这些地方包括新加坡政府旗下的小型民宿、吉隆坡的豪华酒店、巴厘岛的悬崖咖啡馆，以及泰国一个岛上的海滩。在巴厘岛，我从租住的20美元一晚的冲浪者旅社到悬崖上的咖啡馆只需30秒的通勤时间。我打开笔记本电脑，一边喝着浓郁的巴厘岛咖啡，一边看着远处的冲浪者。这种奇特的生活方式只因有了互联网才成为

第五章　突破束缚

可能，即使是一个月前，我也想象不到。

当我暂时摆脱自由职业咨询师的临时身份时，我让自己完全投入到了我后来称之为"无路之路"的道路上。当我漫游亚洲时，我的脑海中充满了各种可能性。如果在巴厘岛通过笔记本电脑工作是可能的，还有什么是我没有考虑过的呢？

我的想象力是开放的，我期待看到它会把我带到哪里。

第六章

万事开头难

学习如何为生活变化进行模型化处理,找到同道中人,敞开心扉,用好奇心去迎接可能性和奇迹,驯服心中的对未来不确定性的恐惧和最深的不安全感,为未来的大胆行动提供更好的思路。你做的尝试越多,就越感到自在,就拥有了更多尝试新事物的勇气和自由。

那些充满求知欲的人，本着"知之为知之，不知为不知"的实事求是态度，以"自知之明"确信自己处于无知的境地。这不是那种自暴自弃的无知，而是虚怀若谷、诚心求知的态度。充满求知欲的人，正是那些踏上探索之旅的人，他们的旅程与求知欲同行：时而停下片刻，沉默不语，驻足沉思，继而执着于一探究竟。

——约瑟夫·皮珀（JOSEPH PIEPER）

◆ 策划你的人生飞跃

我们总是美化和简化人们辞职的故事，这使得太多人相信，这种举动只有极具勇气的人才能做到。

我的故事无关勇气，而是源自多年来进行的务实和安全的实验、体验和质疑。这种方法，即将变化进行模型化处理，可以为未来的

第六章　万事开头难

大胆行动提供更好的思路，而且也普遍存在于许多人的故事中。

我练就了敏锐的眼光，能够看到故事表面之下的更多内容。例如，我看到作家兼设计师约翰·泽拉茨基（John Zeratsky）的一篇文章，标题为"我辞职去中美洲航行18个月"，就立刻意识到，这背后肯定还有更多故事。于是，我在播客节目中采访了他，探讨他是如何做出决定的。

他的故事始于几年前。他说："在我们出发之前……我们会进行短途的小航行，我们会去某个地方住一晚……那一年晚些时候，我们去某地度了一个长周末，然后是为期一周的短期旅行，然后是为期两周的旅行。在我们开始这次'大旅行'的几年前，我们进行了为期两个月的旅行。"经过几年和多次短途旅行，他们确定，航行一年多是他们确实想要做的事情。

这种方法，不是专注于表现得勇敢无畏，而是专注于消除风险，对于选择非常规道路的人来说很常见。我并非有意构建超越全职工作的生活方式，但通过自由职业项目、职业规划辅导、有偿演讲、写作以及在网上与人交流，我收获了相同的结果。我尝试到了用自己的方式工作和赚钱的感觉，并学会了在不确定的道路上欣赏"虚怀若谷的精神"。这种精神的力量是强大的，因为它有助于扩展我对可能性的看法。

黛安娜·梅里亚姆（Diania Merriam）在决定辞去销售工作之前的几年里，也有类似的经历。当她发现了"财务独立、提前退休"（FIRE：financially independent、retire early 四个单词的首字母缩写）概念社区时，她的想象力首次被激发。FIRE改变了她对金钱的看法，帮助她在11个月内摆脱了3万美元的债务。之后,她与她的经理协商实行远程工作,这使她得以搬到俄亥俄州,并购置了一栋房子。

无债一身轻,她感到对工作不那么依赖了。完成了一年的销售任务后,她申请了为期两个月的无薪休假,而不是加薪。她梦想利用假期,徒步行走西班牙著名的"圣地亚哥朝圣之路"。如果经理对休假申请说"不",她就准备辞职,但令她惊讶的是,经理毫不犹豫地说"同意"。

这次旅行给了她极大的触动,让她体验到了对生活更大的掌控力,随后,她的想象力也在不断扩展。在这些经历的启发下,她发起了一个名为EconoMe的论坛,专门服务于像她一样重新构建理想生活的人,她还参与了本职工作之外的其他项目。主办论坛几年后,她被邀请协助主持一档每日财经播客。最终,她获得了有偿专职主持人的职位,尽管薪酬只有她当时工资的三分之一,但她认为这是一个"可控风险",于是决定将其视为一个机会,作为最终辞职探索自由职业潜力的一个备选项。

多年来,黛安娜无意中构建了新的生活方式。当她决定辞职时,她已经提前尝试过了一些自己想要从事的工作,比如她的论坛,她也对全职工作之外的生活和工作方式有了一定的理解。

即使是做一个小小的尝试也会让人产生畏难情绪,但回报可能是深远的。我在纽约主持小组培训课程时非常紧张。我以前从未做过这样的事情,但到了晚上结束时,我知道,把充满好奇心的人们聚集在一起,探讨我想要探索的问题,是值得一做的事,即便为此要承受一些不自在。我做的尝试越多,就越感到自在,就拥有了更

第六章 万事开头难

多尝试新事物的勇气和自由。

对于大多数人来说,生活并非基于非此即彼的信念飞跃,比如:从全盘接受到全盘放弃。我们常常告诉自己这样一个假设,即生活中的转变和过渡是由一次次的极端信念所决定的。这种谎言是为了让我们保持目前的舒适状态。我们将生活的转变简化为单一时刻,因为真实的故事往往更为复杂,更难以表述,所吸引到的关注也更少。"辞职去帆船上生活",这样的标题似乎更令人印象深刻,也更容易引发讨论。而"一对夫妇在五年内积极存钱的同时,慢慢有目的地让生活发生转变",这样的标题,就不容易成为谈资。因此,我们听到的真实故事就越发稀少,其中大多数还是模式化、千篇一律的。

通过在世间以多样的姿态亮相,有意识地随时做出细微的调整,我们便能向那些出人意料的机遇、可能性和联结敞开心扉,它们或许会向我们揭示未来的路径。

◆ 好奇心是关键

许多人并不喜欢工作的某些部分,但仍然坚守岗位,因为其中的痛苦之处,对他们来说是熟悉的。改变,则意味着用已知换取未知;改变,会带来各种难以预测的不适。所以,人们避免改变,并发展出应对策略。学会了规避操纵型的管理者,或者像我一样,每隔几年换一次工作,计划度假,保持忙碌,在周末喝醉。如果能在足够长的时间里玩这种游戏而乐此不疲,你可能最终会得到晋升。

我们可以用一个简单的方程式来解释这种策略:

不确定的不适感 < 确定的不适感 + 应对机制

换句话说,只要有足够的应对策略,人们就愿意容忍长时间的固定水平的痛苦。有什么因素可以推翻这一说法吗?也就是说,即使拥有足够的应对策略,人们是否仍然会寻找一种方式来改变这种长期忍受痛苦的状态?我对话了那些在生活中做出改变的人,发现,有一件事似乎总是可靠的:好奇心。

好奇心,是对世界、美好事物和潜在可能性的开放状态。拥有了好奇心,人们对应对策略的需求就不那么强烈了,而是更加敏锐地感知到当前道路上的不适感。方程式变为:

不确定的不适感 + 好奇心 > 确定的不适感

在思考未来的过程中,人们将担忧换成了好奇,不再担心最糟糕的情况,开始想象跟随一条不确定路线可能带来的好处。他们开始好奇的是,如果拥抱这种不适感,自己会变成什么样子呢?随着好奇心的增长,人们逐渐产生了一种紧迫感,告诉自己:"如果我不立即采取行动,可能会后悔。"

迈克尔·阿什克罗夫(Michael Ashcroft)在能源行业担任咨询师近十年了,他决定辞职并自谋职业。之所以萌生去意,是因为他经历了职业倦怠。他开始积极尝试不同种类的工作模式,比如:在线授课和培训。在辞职前,他告诉我:"我感觉自己释放出了满满的能量。我开始做各种事情,进行创作,与人交流,去各种地方……我现在根本无法想象,正是那些事情会塑造我的未来生活……我很好奇还会发生什么。"他能够迈出这一步,是因为他发掘了好奇心的力量,激发了他对不确定的未来的热情。

第六章　万事开头难

旅行作家罗尔夫·波茨（Rolf Potts）年轻时环游了美国八个月，结束时，他首次体验到了可能性和好奇心的力量。那是他第一次"让旅程如同呼吸般顺其自然"，慢下来享受悠然的旅行节奏。他描述了一次彻底的转变："如果对旅行前的我和旅行后的我分别下个定义，最好的定义是，我在旅行之前感到迷茫，在旅行之后则对生活的潜力充满信心。"

我在亚洲远程工作和旅行了一个月后也有类似的感觉。我的路径比以往任何时候都更加不确定，但脑海中爆发的可能性压倒了我内心的不安全感。

当我们考虑未来的可能性时，面临的一个挑战是，我们要学会判断，何时需要抵制"应该的自我"（"'ought to' self"）。"应该的自我"是心理学教授吉洛维奇（Gilovich）和戴维达伊（Davidai）提出的概念，它是推动我们履行职责的内在声音，但也可能是阻止我们做出生活改变的内在声音。这个内在声音也可能会告诫你，离开工作就是放弃责任。我们"应该"继续工作。"应该的自我"是一种冲动，这种冲动大多数时候是起到正向作用的，但在一生中不断累积下来，它会阻止我们走向吉洛维奇和戴维达伊所说的"理想的自我"（"ideal self"）。当人们反思人生时，最为后悔的事情是——未能朝着他们"理想的自我"的方向发展。教授们认为，人们很少后悔他们在生活中做过的事情。这正是因为我们拥有"应该的自我"的力量——即使我们失败了，也会立即采取行动来纠正那些错误。

作家格雷琴·鲁宾（Gretchen Rubin）决定推翻她的"应该的自我"，她说："我已经到了决断的时候，我宁愿做一个失败的作家，也不愿做一个成功的律师,我需要经历尝试后失败,或者尝试后成功的过程,我需要实际去做。"鲁宾曾就读于耶鲁法学院,为最高法院大法官桑德拉·戴·奥康纳(Sandra Day O'Connor,美国历史上第一位女性最高法院大法官)做过书记员,正处于高薪且有前途的法律职业上升期。然而,她明白,如果她继续走下去,永远不去尝试成为一名作家,她会后悔的。

改变生活,意味着要勇敢面对未知带来的不适。在不确定的迷雾中,我们往往会在心中列出长长的出错清单,将可能的失误假想成固守现状的借口。学会对这种冲动保持适度的警惕,并认识到,即使前路坎坷,我们也能发现宝藏,这种心态,可以帮助我们敞开心扉,迎接美好事物的发生。唯有抵达这样的境界,你才能如鲁宾那般,毫不犹豫地采取下一步行动。不必忧虑,即使你真的犯了一些小错误,你的"应该的自我"也会随时待命,准备着将一切引回正轨。

◆ 以全新视角看待世界

敞开心扉,去感知生活的可能性,会让你下定决心去改变生活,然而,在一条他人难以完全理解的道路上前行时,你很难应对那份不确定感。

在我离职前的几个月以及辞职后的一两年里,我努力厘清自己的职业生涯。当别人问及我的近况时,我感到自己不得不向他们证明我有计划,知道自己在做什么。直到我接触到哲学家阿格尼丝·卡

第六章　万事开头难

拉德（Agnes Callard）提出的"志向之旅"这一概念，我才开始更加舒适地接受不知道自己将走向何方的事实。

卡拉德将"志向"定义为一个缓慢渐进的过程，在这个过程中，"我们尝试着接受并实践我们希望有一天能拥有的价值观"。这与"野心之旅"形成鲜明对比，在追求野心的旅程中，我们已经知道自己珍视什么，例如，想要赚很多钱的人已经珍视金钱，他们不需要在旅途中弄清为什么需要金钱。"志向之旅"更加模糊，我们很难预测我们将在旅途中采纳何种价值观。

当我们反思时，会发现生活中许多"志向之旅"的例子。在我的生活中，一个例子就是我对篮球的热爱。年轻时，我痴迷于篮球——打篮球，看比赛，收集交换卡，阅读有关篮球历史的书。只有通过持续保持对篮球的兴趣，我才逐渐明白自己热爱和珍视篮球的原因。现在，当我观看比赛，看到精彩绝伦的表现时，我的激动心情难以言表。偶尔关注篮球比赛的人，对这项运动的美是无感的。我对篮球的热爱不是为了达到某种特定目标，而是出于持续的兴趣和参与。

对篮球的热爱与我在大学时期的纯粹野心形成了鲜明对比。我上课的唯一目的就是尽可能获得最好的成绩。这并未给我带来根本性的个人成长，因为这期间我没有经历过什么重大挑战。我已经珍视良好的成绩，好成绩是证据，向他人证明我在某种游戏中取得了成功。尽管"野心"并不排斥"志向"，但卡拉德认为"野心"消耗了主体的大部分努力，且并未拓展他的价值视野。

对"志向"的追求与"无路之路"的理念是并驾齐驱的，因为二者对于他人，甚至对于自己来说，都会显得难以理解，这种状况有时甚至持续数年。卡拉德认为,追求"志向"者,对其追求的价值的理解,"具有一种独特的模糊性",她认为这种模糊性"有缺陷,需要修正"。

学会与这种模糊性共存至关重要,尤其是在做出改变的最初阶段。这样做是有价值的,正如卡拉德所说的那样,真正重要的是,你正在"学会以一种全新的视角看待世界"。

◆ 寻找同道中人

根据卡拉德的说法,追求"志向"的人,或者我称之为处于"无路之路"上的人,是"典型的需要帮助的人"。因为他们的世界观是不完整的、正在不断发展的,所以他们依赖于他人的支持。

我的家族中涌现了很多在"默认路径"上取得成功的人。我因而拥有了许多优秀的榜样,他们向我传授了一些可贵的价值观:努力工作、自律和重承诺,但是,这些价值观和榜样的力量被限定在了一种特定的、传统上被普遍接受的生活轨迹上。此外,我的大多数朋友都坚定地致力于他们的全职工作。当我开始考虑走上一条不同的道路时,我不得不从播客和社交媒体中寻找灵感,在那里,人们向我展示了更广阔的生活和工作理念,其中,给予我帮助最大的人有:塞斯·戈丁、戴瑞克·西弗斯(Derek Sivers)和蒂姆·费里斯(Tim Ferriss)。

我最为倾心的人物是塞斯·戈丁,他以创造力、慷慨之心和助人为乐构筑了他的人生。我不确定自己能否成为如他一般的人物,

第六章　万事开头难

但他的存在让我相信，这样的道路是可行的。塞斯·戈丁的一个广为人知的理念是，他鼓励那些走非传统道路上的人去"寻找同道中人"。这些同道中人不仅为我们提供了灵感，让我们相信与众不同是可能的，他们甚至可能会加入我们的征途，与我们并肩前行。

许多选择非传统道路的人，在成长过程中往往受到了家族中同样选择非传统道路的成员的影响，这并不令人意外。克里斯·多诺霍（Chris Donohoe）在咨询行业工作数年后，开启了自己的职业指导事业。他传承了家族的"创业精神脉络"，以及家人们那种"为自己工作"的心态，他说，这两者共同构成了他身份的一部分。对他来说，辞去工作去开创自己的事业是自然而然的事情。

惺惺相惜的人们，往往会在那些意想不到的地方找到同道中人。莉迪亚·李（Lydia Lee）辞去了加拿大教育部门的销售工作，现在经营着巴厘岛和加拿大两地的在线职业培训业务。当莉迪亚还在全职工作时，在去马来西亚旅行的途中，她遇到了一个数字游民，那人用笔记本电脑运营自己的营销公司："能够在现实生活中亲眼见到他……让我意识到，我也可以在笔记本电脑上建立自己的业务。"遇到了那个数字游民，从他身上得到了一个小而强大的启示，这个经历在莉迪亚的心中种下了一颗种子。尽管她还要再过六个月才会辞去工作，但她已深知，另一种生活方式是可能的。

虽然莉迪亚凭借偶然的机会遇到了那个数字游民，而我也通过社交媒体找到了同道中人，但我建议人们采取更积极主动的方式去寻找我所说的"路径专家"。这些人是领先你一步，走在你可能感兴趣的道路上的先行者。他们可能是像你一样辞去工作的人，或者是正在探索令你着迷的生活方式的人。十有八九，这些人会热衷于与你联系，因为他们也正在自己的旅程中寻找值得学习的榜样。

我喜欢开玩笑说，在我辞去工作之前，塞斯·戈丁是我人生旅程中唯一的朋友。我读过他的几本书，听完了他所有的播客。在当今世界，我们应该感到庆幸的是，有那么多人向我们分享他们的故事。然而，这种电子网络上的灵感往往只在旅程的开始阶段有所帮助。最终，你需要找到愿意与你建立更深层次友谊，并愿意共度有意义时光的人。

我辞职几个月后，偶然在一次会议上，幸运地遇到了一些行走在这条无路之路上的人，他们最终成为了我志同道合的朋友。我遇到了诺尔·博伊兰德（Noel Boyland），他在40岁出头时因健康问题离开了前途光明的咨询生涯。自那以后，他成为了我的导师和朋友，他总能在我困难时给予我勇气和建议。我还遇到了妮塔·鲍姆（Nita Baum），她身兼咨询师、培训师和人才联盟创始人的多重身份，她在会议期间主持了一个工作坊。在我们第一次交谈时，她似乎无需询问就理解了关于我的一切。当你遇到在类似路径上的其他人时，会立即建立起一种情感纽带，并能深刻理解你们共同经历的挑战。你们可以微笑着示意"我懂，我懂"，然后，直接开始一场深入的对话，无须提问那些初次见面的破冰问题，比如："你做什么工作？"在"无路之路"上，同道中人是至关重要的。你可能像克里斯一样，在家族中找到他们，像莉迪亚一样，在旅行中找到他们，或者像我一样，在会议上找到他们。这些关系提供了一个空间，在这里，你不需要对自己正在做什么或接下来会发生什么给出完美答案。正如

第六章　万事开头难

卡拉德所描述的，两个都需要很多支持的人在一起，并不会相互拖累，造成灾难。根据我的经验，他们反而可以相互理解对方的需求，把这种互助关系发展成为一段美好的友谊。

在先前的人生道路上，我的成功背后隐藏着代价。持续的经济回报让我过上了平稳的生活，随着我越来越成功，我对他人的依赖也越来越少。在某些圈子里，这被颂扬为人生的终极目标。但对我来说，这却导致了一种空虚感，直到踏上被迫寻找同道中人的道路时，我才能完全理解这种空虚感。

◆ 战胜你的恐惧

在离开"默认路径"之前，你可以选择逃避恐惧，但选择"无路之路"，会迫使你无论如何都必须面对这些恐惧。我认为，直面恐惧是件好事，我已经从习惯将恐惧深藏心底，转变为正视自己的恐惧，并将恐惧视为微小但可管理的根本性危机，这些危机是不确定旅程中不可避免的一部分。

尽管考虑离开"默认路径"的人能够列出可能出错的数百件事情，他们努力探讨风险背后的恐惧，却很难将其表达出来。在与人们的数百次对话中，我发现这些恐惧可以归为以下五个领域：

1. 成功："如果我不够优秀怎么办？"
2. 金钱："如果我破产了怎么办？"
3. 健康："如果我生病了怎么办？"
4. 归属感："我还会被爱吗？"

5. 快乐："如果我不快乐怎么办？"

在最初几年的自由职业生涯中，这些恐惧压倒了我，但蒂姆·费里斯的"恐惧设定"反思练习帮助我重新审视这些恐惧，并以全新的方式看待恐惧。

这个练习有六个步骤。前四个步骤比较直接：

1. 写下你正在做出的改变。

2. 列出可能出现的最糟糕的结果。

3. 确定你可以采取哪些行动来减轻这些后果。

4. 列出一些步骤或行动，以帮助你恢复到良好状态。

将恐惧写下来，这种做法帮助我把抽象的担忧转化为具体问题。当我写下"害怕在辞职后破产"时，我意识到我可以做五十种不同的事情来赚钱。

然而，有些与恐惧相关的问题是无法解决的。《设计人生》（*Designing Your Life*）一书的作者提供了一个有用的类比，将这些问题称为"重力问题"，这些问题是生活的一部分，"……但就像重力一样，这不是一个可以解决的问题"。这种说法为我做了很好的心理建设，让我在担心健康问题时接纳了自己的不适。由于持续存在的健康问题，我有时会长时间感到精力不足。我提醒自己，这是生活的事实，就像重力一样不可避免，这样的思路也帮助我接受了生活的不确定性和"无路之路"。

费里斯练习的最后两个问题是最有分量的：

5. 一次尝试或部分成功可能带来些什么好处？

6. 三个月内、十二个月内和几年内无所作为的代价分别是怎

第六章　万事开头难

样的？

这些问题将人们的注意力从本质上不确定的未来，转移到了目前的状态，这种转变帮助我们认识到，我们往往会高估未来的成本，低估与现状相关的成本。

布朗尼·韦尔（Bronnie Ware）照顾过许多处于生命最后阶段的老人。她的博客文章《临终五大憾事》是网上浏览量极高的一篇文章，她在文中分享了自己的感悟：最常见的临终遗憾是什么？那就是，在生活中没有保持"真实自我"，而是过多关注他人对自己的期望。

这类文章之所以能引起如此多的关注，是因为它们触及了许多人内心深处真正关心的问题——我们如何度过自己的一生。那些临终者的反思常常流露出相似的感慨，然而，很少有人懂得如何将这些感悟直接应用于自己的生活。"无路之路"提供了一个独特的邀请，让我们直面自己的不安全感。如果我们能接受这个邀请，我们就可以继续探究，并有望回答"我们真正想要什么"的问题。

❖ 他们还会爱你吗

我曾与数百人交谈，他们正在考虑改变自己与工作的关系，或者追求一条另类的道路。有一个问题始终触及他们恐惧的核心："如果你这样做了，你身边的人会不会不那么爱你了？"这是一个细思极恐的问题，但值得深思，因为许多人会为了满足他人，比如配偶或父母的期望，而压抑自己的愿望。

在刚开始自主创业的第一年，我知道我想要坚守自己的道路，但由于未能掌握卡拉德式的关于"志向之旅"的表述,我不知道怎样有力地论证我的选择是正确的。我回避他人的批评和质疑,担心他们会让我陷入自我怀疑。为了保护自己,我过度纠正了自己的行为,这种态度被我朋友维萨肯·维拉萨米(Visakan Veerasamy)称为"先发制人的防御态度"。我将自己置于世界的对立面,将最简单的问题视为对我的攻击。

我去亚洲旅行一个月后,体验到了远程工作的可能性,我决定在那个秋天搬到那里待几个月。然而,我还是对父母隐瞒了这个决定达两个多月之久,尽管我已经开始计划结束我的租约,卖掉大部分东西,然后返回亚洲。事实上,我父母甚至不是从我这里得知的消息,他们是从我的表弟那里听说的。我太害怕进行这样的谈话了。

在我离开前的一个月,我和家人一起参加了一个婚礼,最终迎来了不可避免的问话。在酒店里,每个人都开始发问:你为什么要搬到中国台湾?你不担心那里是否有医疗保险吗?你还会有"真正的工作"吗?你难道不想成立家庭吗?你为什么这样做?你的长期计划是什么?

我感到受到了攻击,觉得自己让最重要的人失望了。我的父母为我牺牲了很多,我感觉自己很自私。现在我明白了,他们之所以那样说,是出于爱和关心,不想看到我受苦。但那时,我没有分享我的恐惧和不确定性,而是试图说服他们,我对"无路之路"的逐渐清晰的设想是最好的人生选择。

遗憾的是,"无路之路"是一条"志向之路",正如卡拉德告诉我们的那样——永远无法完全解释清楚。因此,试图说服人们你

第六章　万事开头难

正在朝着正确的方向前进,可能是徒劳的。那些重视舒适和安全的人,往往无法理解,为什么有人会自愿选择一条既不舒适,又极度不确定的道路。

这条道路带来了深刻的个人成长,但,其好处往往对他人是不可见的。当你走在这样一条道路上时,你会特别敏感地意识到自己与他人的脱节,这可能会引起许多困扰。我的一位朋友艾米·麦克米伦(Amy McMillen),在从事金融工作仅一年之后,选择辞职去旅行和写作。她回忆起当时在她脑海中涌现出的种种问题:"别人会怎么看我?我自己都不知道该怎么看待自己。我是不是完全不负责任?我的父母会不会认为我是个失败者?我的朋友们是不是像他们表现出来的那样支持我,还是,他们认为我已经走火入魔了?"

然而,思考这类问题是有帮助的。我发现其中有个问题很是振聋发聩,即"你生活中的人会不会因此不再爱你了?"因为这个问题触及了最可怕和最深层次的主题。我不想让我的父母失望。我迫切地想要说服他们,我正在做的事情是正确的。然而,如果我感到我害怕失去他们的爱,我会意识到,更明智的反应,应该是向家人敞开心扉,坦诚展现自己脆弱的一面,而不是试图向他们掩盖内心的真实感受。

在极度不确定的时候,我即将踏上"无路之路",跨越半个地球,前往中国台湾。我带着几个问题。我知道可能没有答案,但我感觉一定会有所发现。

第二部
无路之路

拥抱一种不同的旅程,一种专注于活跃、拥抱不确定性、尝试和对可能性持开放态度的旅程。记住:只要创造空间让好事发生,没有好事会溜走。最后要做的事情就只剩下:去勇敢追寻,去体验那可能发生的一切,正如诗人玛丽·奥利弗(Mary Oliver)所说,看看你那"野性而珍贵的一生"会发生什么。

2018 年 8 月 31 日（我的电子期刊）（Newsletter）

　　七日后，我将踏上飞往台北的航班，开启我四处流浪的生活与工作的全新篇章。当我开始追求简约生活，拥抱极简主义的理念时，我发现自己拥有了更多的时间，不再急于"做事"，这让我有机会选择一些看似没有意义的路线，随意漫步在城市中，畅所欲言地与人交谈。我感到非常幸运，人生的旅程转场到台北，这似乎不再是一次"度假"或"旅行"，而是对生活，以及生活中的人们的更深层次欣赏的延续。

第七章

无路之路的智慧

莫希特、凯文、杰奎琳、爱德华、莱尼、亚历克斯和我,我们对不再以工作为中心的别样的生活方式倍感惊喜。我们也渐渐意识到,过去的道路遮蔽了人生的其他可能性。而在短暂的时间内,我们开始重新找回那种青春的活力,正是这种活力,推动我们所有人都迈出大胆的步伐,走向不同的生活方式。

无路之路

◆ "无为而治"的魔力

我从我的单人床上爬起来,走进这间台北小型民宿(Airbnb)的客厅。那是2018年的秋天,我刚刚横跨了半个地球。我启动咖啡机,思考着这一天和这一周的计划。我意识到,并没有什么事情要做。

严格来说,我是一名自我雇佣的自由职业者,但我还没有客户。我有意成为人们所说的"数字游民",能够在世界上任何地方工作,但我不知道如何将这个想法变为现实。我当时33岁了,单身,不久前刚刚向朋友们宣布,我打算放弃约会,转而进入我人生中的"酷叔叔"(cool uncle)阶段。

但仅仅一年后,我就开始筹划一场小型婚礼,并思索如何发展自己创立的事业。那个时候我意识到,写作是我生命旅程中不可或缺的一部分,最重要的是,开始尝试理解自己对生活的新发现和深刻感悟。丽贝卡·索尔尼特(Rebecca Solnit)的以下文字更准确地

第七章　无路之路的智慧

代言了我的感受：

> 那些你完全未知的事物，通常是你需要寻找的，而找到它们，是一个迷失自我的过程。

当我抵达台北时，我迷失在自己的人生叙事中，也迷失在这片陌生的土地上——我看不懂这里的标志，也不会说这里的语言。然而，我却感到身处自己的安身立命之地，我的每一天都充满了轻松和自在。

这种感觉与我在纽约和波士顿过去十年里所承受的那种日常紧绷和隐隐的焦虑，形成了鲜明对比。在台北，那种紧张感消失了。过去一直沉寂于我心中的、孩提时代曾经体验过的、林间漫步般的松弛感，又被唤醒了。

中文有一个词语，叫作"无为"，描述了我当时的感觉。在英语中，它的翻译是"non-doing"，但不是指什么都不做。"无为"并不是逃避或懒惰，而是指与世界深度连接。两千五百多年前，中国哲学家老子在《道德经》中写道："越少强求，越能最终达到'无为'境界，越是'无为'，越是无往而不利。真正的掌控是指，顺其自然，不强求，不干预。"（英译对应《道德经》第三章"为无为，则无不治"，以及第二十九章，"天下神器，不可为也。为者败之，执者失之。"）

就在不久前，约翰·斯坦贝克（John Steinbeck）在给儿子的信中也表达了这样的情感："若一切命中注定，它自会发生——最重要的是不要急躁。美好的事物永远不会消逝。"

▶▶▶▶ 无路之路

在台北的第一个月,我将生活剥离至最基本的形态。我拥有的财物寥寥无几,对未来的掌控逐渐放松,同时向未知敞开心扉。在那些日子里,我时而感受到迷失的眩晕感,时而坚定地确认自己身处应许之地,我在迷失感和确认感之间摇摆不定。

然后,一份致力于"无路之路"的邀约出现了。

我和安吉(Angie)的第一次约会,是在台北的一家茶馆。她后来告诉我,她对那次约会并没有抱太大希望。我在约会应用程序上的个人资料,突出强调了以往的雇主和研究生院经历。她以为会遇到一个世界级的成功跳圈者。当她分享了她对公司职业的挫败感,并表示,她宁愿把时间花在阅读、学习和探索世界上时,她以为我会感到失望。但她错了。我对她萌生了爱意。

在随后的几次约会中,无论是沿着河畔骑行,公园里的阅读,夜市里的探险,还是徒步旅行,我发现自己遇到了知音,她也在探寻更深层次的问题,她也愿意拥抱不确定性,而非遵循预期。换言之,我找到了一个完全接纳自己的"无路之路"的人。

生活中的"遇见",总是发生在不经意间,这是一种陈词滥调的说法,但这正是我所经历的。多年来,我一直在寻找一个能与我共度余生的人,但我的寻找始终局限在既定的生活轨迹之内,那是一种关于生活应该如何进行的预设剧本,而非我内心深处真正的渴望。现在,我认同约瑟夫·坎贝尔(Joseph Campbell)的观点,他通过研究我们祖先的故事,洞察人类经验,得出结论:"我们必须放下已经计划好的生活,准备好接受前路可期的生活。"

所以,在此,我要补充斯坦贝克的建议:任何美好事物都不会

第七章　无路之路的智慧

离我们而去,只要我们创造条件和空间让其出现。

在这个充满无尽干扰和诱人目标的世界里,我们几乎不可能停止前进的步伐。然而,如今,我比以往任何时候,都更迫切地渴望停下来的状态。在台北最初的几个月,我开始领悟到,拥抱一种"无为"的状态,其实蕴含着智慧。在我人生中的大部分时间里,都将"无为"与懒惰相提并论。但在异乡的生活让我意识到,这是一种非常美国化的世界观。在中国台湾,我能够拥抱一种"无为"的状态,这种状态不是焦虑和紧张的源泉,而是反思和开放的空间。正是在这种状态下,开始涌现出的可能性,彻底改变了我的生活。30多年来,我不断为未来做规划,而如今,我终于开始学会活在当下。

◆ 四个变化带来的活力

> 树木以无言的存在,劝说我们与之共生,摒弃那充满庸常琐事的生活方式。
>
> ——拉尔夫·瓦尔多·爱默生(Ralph Waldo Emerson)

在蜜月旅行期间,一位事业有成的公司经理莫希特·萨蒂亚南德(Mohit Satyanand)转头问他的妻子:"我们还回家吗?"他们决定不回去了,继而搬到了印度库玛昂(Kumaon)地区的一座石头小屋中,在那里度过了接下来的六年。正如他回忆的那样:"在我们的森林花园里,看着桃树生长,看着我们的儿子蹒跚学步。"

儿子到了上学的年龄,他们就从山区搬回到了城市,但莫希特并不想回到原来的全职工作。他的朋友们催促他找一份"真正的工作",而他在体验过别样的生活后,坚定地选择继续走"无路之路"。他靠做一些兼职工作维持生计,这些工作的报酬少得可怜,只相当于他这个年龄和教育背景的人全职工作收入的一小部分。但他觉得,这些收入对他来说已经足够了。

在台湾,我读到了莫希特的故事,当时我也正朝着与他相似的方向发展。我开始思索,暂时放下工作,拥抱"无为"的状态,是否真能提升生活的满足感。我逐渐意识到,自己对生活的看法已经发生了深刻而积极的转变,并好奇其他人是否也有相同的体验。我联系了那些曾经有过类似休息经历的人,发现大多数人都认为,这些工作间歇是帮助他们洞见生活可能性的最重要因素之一。同时,我也开始注意到,许多人所经历的转变在某种程度上是可以预见的。其中有四个变化尤为显著:

首先,人们开始意识到自己的痛苦。我们往往不会察觉到,自己已经逐渐陷入了低度焦虑的状态,直到我们从引发这种状态的事物中抽身。正如我在辞去工作的第一天所意识到的,我已经筋疲力尽。我的朋友凯文·尤尔奇克(Kevin Jurczyk)休完年假回来,与我分享说:"我过去常想,'这份工作不算太糟,我挣的钱足够多,值得我忍受'。然后,你呼吸到自由的空气后,才意识到'不,它或许曾经值得,但现在不再值得了'。"这种对工作的挫败感,启发了科技创新者杰奎琳·詹森(Jacqueline Jensen)的灵感,她成功地创造了"结构化休假"的理念,目的是将她的身份从工作中解脱出来。她自问:"如果我摆脱了仅仅为了薪水而做的工作,如果我的生活不再以'为稻

第七章　无路之路的智慧

梁谋'的工作为中心,我的生活会是什么样子?"她发现很难让自己从工作带给她的所有事务中解脱出来,从工作带给自己的认可和兴奋中解脱出来就更难了。然而,休假一个月后,她感到轻松了许多,对工作和生活有了更清晰的期望。

其次,好奇心再度被唤醒。当人们拥有时间的馈赠,他们便会尝试新事物,重拾旧日的爱好,追寻儿时的好奇,开始投身志愿活动,与社区中的人们建立联系。我的朋友爱德华(Edward)是一名医生,休过几次学术假后,他向我吐露:"新的想法常常涌现,旧的兴趣点也会重新回到我的思维中。我发现自己在记笔记,思绪更加自由地飞翔。这是创造力的释放,因为,当大脑不再被日常生计的压力、竞争的追逐和无尽的劳碌所束缚时,大脑新皮层得到了解放。"

再次,人们常常渴望延续他们的"暂停工作"旅程。在产品管理领域经历了漫长职业生涯后,莱尼·拉希茨基(Lenny Rachitsky)决定休一个长假。他原以为自己会重返工作岗位,"……然而,假期结束时,我清晰地感受到自己已准备好开始新的探险"。休假几周后,他不再查看电子邮件:"我的心,已不再牵挂原来的工作岗位了。虽然我尚未明确下一步的方向,但我明白,是时候打破现状了。"

最后,人们开始写作。亚历克斯·庞(Alex Pang)在学术界和科技行业工作了一段时间。休完学术长假后,他开始以不同的视角看待生活,他想到:"也许,我们一直以来对工作时间和生产力之间的关系有所误解。"换言之,我们可能错误地认为工作时间越长,生产力就越高,但实际情况可能并非如此。基于这个问题,他在接下来的几年里写作并出版了几本书,探讨怎样通过休息和减少工作时间来改善我们的生活。

莫希特、凯文、杰奎琳、爱德华、莱尼、亚历克斯和我,我们对不再以工作为中心的别样的生活方式倍感惊喜。我们也渐渐意识到,过去的道路遮蔽了人生的其他可能性。而在短暂的时间内,我们开始重新找回那种青春的活力,正是这种活力,推动我们所有人都迈出大胆的步伐,走向不同的生活方式。

用分散的"迷你退休"丰富生活

> 我们越是将经历与金钱价值联系在一起,就越认为金钱是生活所需。而我们越是将金钱与生活联系在一起,我们就越会说服自己,我们太穷了,买不起自由。
>
> ——罗尔夫·波茨(ROLF POTTS)

认为我们必须等到退休才能休息,这是我们难以抽身休假的主要障碍之一。

退休制度始于19世纪末的德国,旨在为少数活到70岁且无法再工作的人提供支持。如今,人们的寿命更长,健康状况更好,因此,退休已不再罕见,而且,在有些国家,预计人们将有高达三分之一的生命岁月处于退休状态。这让人热切期望,在这一阶段能够享受快乐与平和的生活。这种超高期望值,一部分是由金融公司推动的,他们在广告宣传活动上花费数百万美元,展示快乐的老年人微笑着穿过美丽的草地。这些广告传达的信息是什么呢?努力工作并投资,

第七章　无路之路的智慧

直到你达到那个"神奇数字"的财务目标，然后，你就可以放下忙碌，享受美好生活。

这种退休观念是"默认路径"的核心部分，尽管它对某些人仍然适用，但美国的一项持续调查显示，对退休感到满意的人数已经连续二十年稳步下降。这是为什么呢？部分原因在于，当人们停止工作时，他们很难找到一种替代物，能够取代工作所带来的意义和快乐。我与许多60多岁和70多岁的人交谈过，他们强烈反对应该停止工作的观点。虽然他们通常没有全职工作，但他们喜欢兼职工作、志愿工作、学习新事物或找到其他方式贡献社会。

传统的退休观念确实激励了许多人，但是，其他人或许能从"无路之路"的角度获益，重新思考退休的意义。在"无路之路"上，退休既不是终点，也无关财务计算，而是美好生活的延续。这种观念鼓励人们将注意力从专注于为未来储蓄，转向思考如何活在当下。

我发现，"迷你退休"是最有助于厘清未来生活方式的思路。这个想法来自蒂姆·费里斯（Tim Ferriss）的著作《四小时工作周》（*The Four-Hour Workweek*）。蒂姆·费里斯之所以提出这个概念，是因为他意识到，自己不喜欢传统的度假方式，即在一两周内尽可能多地安排各种活动，这让他在短暂旅行后感到疲惫不堪。他问自己："为什么不把通常需要20到30年的退休生活分散到整个生命中，而是全部留到生命末期呢？"我们不必等到传统的长期退休，才去追求自己想要的生活方式。相反，我们可以通过多次短期的"小型退休"，来实现对生活的探索和享受，将退休时间分散在整个生活中，让生活更加丰富多彩。

无路之路

在这种思维方式下,他设计了自己的"迷你退休",即一系列"一到六个月"的旅行,其间,他会尝试不同的生活方式,他将这些描述为"反度假"。虽然"迷你退休"可以让人放松,但这不意味着逃离你的日常生活,而是重新审视生活——创造归零重新开始的可能性。在设计这些休假时,他问了自己三个问题:

1. 如果传统退休不再是必选项,你会如何调整自己的决策?

2. 如果现在就可以使用"迷你退休"来尝试你未来的计划,会怎样?

3. 是不是必须全身心投入工作才能过上像百万富翁一样的生活?

这些问题的威力在于,它们迫使你发挥创造力,尝试新事物。于我而言,我发现这使得生活充满乐趣。当我在世界各地生活,专注于不同类型的工作时,我开展了一系列迷你实验,帮助我更多地了解我想要的生活方式。

我尝试将时间划分为一到三个月的区块,在每个区块内,我会挑选一两件我想优先尝试和检验的事情。这些事情可能是在不同风格的地方生活、开展新项目、旅行或者学习新事物。我的目标是,通过这些尝试来验证我的观念,从而更深刻地理解,哪些因素能真正提升我的生活质量。许多人对我说:"我永远不可能像你这样生活。"然而,我所能想到的回应却是:"你真的尝试过吗?"

"迷你退休"的精神并非逃避工作,而是通过测试不同的环境,来做出判断和选择,比如,是需要加倍投入其中呢,还是及时转变方向。当我开始写这本书的时候,我每周投入 30 小时学习中文,同

第七章 无路之路的智慧

时经营着我的在线业务。这是一种高强度的生活方式。我并不想一年四季都过这样的生活,但在集学习、创新和工作为一体的高强度时期之后,紧接着安排一段休息期,就能激发出我持续不断的活力,得以长期保持这种生活节奏。这种灵活多变性,在传统的默认路径上是很难实现的。但在"无路之路"上,这不仅是可能的,而且堪称最具激励性的优势。

这种实验可能耗时耗力,但对我而言,这是值得的。在先前的人生轨迹上,我努力追求的目标是,到退休时积攒到可观的存款金额,最后也取得了超乎寻常的战绩。但在这个过程中,我也在不断地牺牲生活中的一些重要元素:自发性、创造力和活力。这种牺牲,令我无法在达到财务目标后,真正享受到财务自由带来的美好生活。对我而言,现在尝试不同的生活方式是一个两全其美的选择。我降低了未来不快乐的可能性,同时也在打造一个让我越来越充满激情的生活方式。

这些经历给了我一个不同于传统退休故事的选择。虽然我仍在为退休储蓄,但我不再将达到某些财务里程碑视为最重要的事情。现在的我,更加专注于花费时间和金钱去尝试不同的生活方式,这样,当我走到生命的后期,就不需要在生活优先级上做出剧烈的转变,而是持续沿着"无路之路"发展。

◆ 尽情享受"无路之路"旅程

尽管"无路之路"并不会通往特定目的地,但可能会有一些

无路之路

"固定点",这个概念是作家兼咨询师文科特什·拉奥(Venkatesh Rao)提出的。固定点,是指不容商量的目标,无论你遇到什么情况,都计划要实现的目标。这些固定点通常是我们独特文化脚本的产物。例如在美国,正如拉奥所说,"美国梦"的故事是基于"拥有房屋所有权的标准固定点"的。这意味着:"无论个人的生活道路如何变化,拥有自己的住房是一个坚定不移的目标,是我们文化中一个重要的、不容置疑的成就标志。"

我们都有自己生活中追求的固定点。拥有住房是最受欢迎的固定点之一,但其他固定点还包括:支付孩子的大学费用、成为高管或合伙人、创办公司或资产达到一定净值。

这些默认固定点的问题在于,它们是从文化中衍生出来的,而不是独特动机和欲望的产物。这意味着,随着时间的推移,它们可能会脱离现实的或合理的范围。例如,在台北,上一代的普通人能够用工作几年的积蓄购买房产,而如今这个城市的房价对租金比率已然冲上世界最高水平,购房费用远远高于租房支出,导致人们很难负担得起购房成本。要完成同样的购房目标,可能需要超过20年,对于许多人来说,这简直是不可能的。虽然经济形势发生了根本性变化,但许多年轻人对生活的追求,仍然定位在跟过去相同的购房目标上。

拉奥认为,解决方案并不是完全放弃目标,而是要更认真地对待目标,并更多地考虑确定独特的固定点,那些能激发我们活力的固定点。

在1859年出版的《论自由》(*On Liberty*)一书中,约翰·斯

第七章　无路之路的智慧

图尔特·密尔（John Stuart Mill）提出了类似的建议，他主张，社会需要人们拥抱自己的个性，并进行"生活方式的实验"。他认为，这样的实验对于追求知识和文化的进步至关重要，只有发现了不同寻常的生活方式，才能为整个社会文化带来新的视角，从而推动文化的变革和发展。密尔希望人们能够根据灵感行动，因为"不同生活方式的价值，应该在任何人想要尝试它们时，通过实践来证明"。在密尔看来，选择一个独特而个性化的固定点，人们就更容易找到值得坚持的道路，还能为文化的发展助力。

密尔认为，传统的生活方式越来越"退化成机械模式"。如果社会规范过于强大或僵化，那些本可以进行实验的原创思想家就会被压制。他认为，试图对那些人施加限制是没有意义的。因为，他们已经在"不受压迫的情况下，让自己尽力适应社会提供的有限模式"。

技术和日益增长的繁荣，为我们提供了历史上最佳的时机去进行我们自己的"生活方式实验"。然而，在密尔的时代，他却痛心疾首于如此多的人"满足于现状"。他可能还会惊讶于在当今社会中，依然存在着耻于选择不同道路的情绪。

拥抱独特的固定点，可以指引我们进入"无路之路"的入口。例如，在我上一份全职工作中，我不再设定闹钟，以利于优先保障健康和睡眠。我围绕这个固定点设计了自己的生活，并尽可能避开工作中的挑战。现在，我将我的工作节奏调整为每七周休息一周，雷打不动。这个安排是受到了科技企业家肖恩·麦凯布（Sean McCabe）的启发，他为自己制定了这一政策，最终也推广应用到了他的整个公司。

>>>> **无路之路**

"默认路径"上的固定点本质上并不坏,但它们确实会促使人们模仿他人的行为。这可以是一个不错的起点,但若你能深入挖掘自己独特的心理、兴趣和幽默感,你的旅程将会更加充满乐趣,也更具意义。

此外,一旦你选择了"无路之路",设定自己的界线和固定点就不再是一个选项,而是你在旅程中蓬勃发展的必要条件。

◆ 重新看待金钱

> 做出优质研究的秘诀在于,始终保持一点空闲时间。如果你不能花费几小时去思考,你就可能浪费几年的时间走弯路。
>
> ——阿莫斯·特沃斯基(AMOS TVERSKY)

当周围所有人都围绕稳定的工资构建生活时,我们很容易忘记,为了那份工资,我们放弃了什么,也会忘记,在历史上的大多数时间里,这并不是一种正常的状态。

在第二次世界大战后,年轻人兴奋地选择为大型组织工作,而他们的父母却对此感到震惊。他们无法理解,为什么孩子们会热衷于选择过于同质化的生活方式。威廉·怀特(William Whyte)在1956年出版的《组织人》(*The Organization Man*)一书中,讨论了这一转变。他分享了一位典型年轻人的写作片段:"今天舒适的年轻人与过去一百年不舒适的年轻人之间的区别在于……年轻一代这

第七章　无路之路的智慧

一次并没有反抗任何东西……我们并不想反抗我们的长辈。"

年轻人加入的这些组织，为他们提供了可预测的收入，最重要的是，提供了可预测的生活。怀特认为，这是与过去截然不同的一个重大转变，因为这些组织提供了以往几代人所没有的东西：一个远离现实世界的避风港。他指出："他们毕业后，并不像之前的长辈一样，勇敢踏入一个充满挑战的外部世界，相反，他们从学生生活转移到了另一个的稳定和可控的环境中。"

因为我属于这一传统的第三代，我身边没有人告诉我，没有薪水的生活会是什么感觉。当我辞去工作时，我预料到，自己创业会困难重重，但我没有预料到的是，我的整个金钱观念，以及金钱在我生活中的作用，会发生如此巨大的变化。

辞去工作的那一刻，我的心态瞬间转变，我开始以财务审计师的严谨态度审视每一项金钱往来。我利用 Mint.com 审查自己的开销，震惊地发现，自己在纽约市的每月生活支出高达近六千美元。尽管这个数目低于我的收入，但感觉仍然偏高。算上税款后，我每年花费接近 10 万美元，才能维持自认为"节俭"的生活。这一发现令我感到尴尬，然而，在这座总有人花费更高的城市里，这种节俭的故事还是很容易让人相信的。

没有任何逻辑能够合理化我的消费，其中，很多可以被作家小托马斯·贝文（Thomas J. Bevan）称为"痛苦税"。这是不快乐的工作者为了"让自己继续工作，保持工作状态"[20]而分配的支出。对我来说，就是在酒精、昂贵的食物和度假上的支出，随着这些开支在我职业生涯中逐渐增加，我开始相信，我的支出是我工作的原因。

当我辞职时，这种开销立即停止了，我惊讶地发现，自己对此几乎没有留恋。从那时起，我从拉米特·塞希（Ramit Sethi）那里得到了指导，重新构建我的金钱观。塞希是一位帮助人们管理个人财务的企业家。他提出了一个深刻的问题："你的富足生活是怎样的？"这个问题的目的是，让你不再像会计师那样看待金钱，而是将金钱视为可能助你实现理想生活的工具。随着时间的推移，我找到了一个清晰的答案：拥有时间的自主权，能够丰富我的生活。

这个领悟激励着我去寻找其他减少开支的途径，以便保有不断线的资金流，支撑自己在这条道路上长时间地探索。我在波士顿接到了第一个真正的自由职业项目，这让我即刻转租了纽约的公寓，找到一个更便宜的波士顿公寓，迅速搬了进去。通过减少房租开支、选择更便宜的餐厅 Chipotle bowls 就餐和支付更低的税费，我发现，每月能够减少大约 3000 美元的开支。

随着收入的增加和生活成本的降低，我的财务不安全感减少了，这引发了我对工作理解的连锁反应。如果我不是为了金钱而工作，那我为什么工作呢？当我们全职工作时，我们将工作视为生活中至关重要的一部分，而雇主正是为了这种奉献和投入支付我们薪水。当我成为自由职业者时，我感到迷茫，因为，支付项目费用的人并不在乎我何时工作以及工作量多少，他们只想要他们的问题得到解决。如何支配我的时间，完全取决于我自己。

自主工作，我拥有无尽的自由来决定我的工作内容、合作对象以及工作量。当踏上"无路之路"的人首次意识到这种可能性时，可能会感到震惊。从工作中抽身，转而投入生活的其他领域，可能

第七章　无路之路的智慧

会让你质疑自己过去的身份。一开始，这种感觉有些怪异，但渐渐地，你的价值观开始发生变化。当我腾出更多时间用于创意项目、跟家人一起旅行时，当我在陪伴祖母和学习上投入更多时间时，我终于开始去做那些我自己看重的事情。

找到自己愿意坚守的道路所带来的内心平静，是再多的金钱都无法买到的。正如维基·罗宾（Vicky Robin）在她的著作《你的金钱或你的生活》(*Your Money or Your Life*) 中所主张的那样，"金钱，是我们选择用生命能量来交换的东西"，一旦了解了这一点，我们几乎不可能在不反复权衡的情况下，用我们的时间去换取金钱。

◆ 要有所信仰：不念过去，不畏将来

> 信念是执着，而信仰则是放手。
>
> ——阿兰·沃茨（ALAN WATTS）

在台北，我躺在安吉的床上，听着窗外购物中心播放的音乐。她知道，我计划离开，前往越南。然而，在我们相识的两个月里，我越来越坚定地想把这段关系确定下来。安吉决定踏上自己的"无路之路"，辞去公司工作，加入当地一家健身房，担任健身教练。在开始新工作之前，她计划先前往泰国旅行一个月。她直截了当地问我："那么，你十二月有什么计划？"我对她的问题略感意外，原来，她以为我会离开台湾，继续探索世界。

我们一直形影不离。在台北漫步，逛夜市，在公园里读书，深

入探讨人生。一切都是那么美好。每当你开始一段新关系时,就很容易快进到未来。然而,我设法克制自己。在我生命中的大部分时间里,我都在遵循着一个关于生活应该如何的预设剧本,总是试图策划自己的未来。现在,我拥抱了"无路之路",这让我感到自由。

第二次约会时,我们骑着自行车,沿着台北的河边慢慢前行。我们谈论了我们的家庭、愿望、恐惧和抱负。在这之前的一年里,我感到如此孤独,无法完全分享自己的感受,而现在,我正在与一个不仅愿意倾听,而且似乎讲着相同语言的人交谈。

所以,当我回答她的问题时,我毫不犹豫地说:"我跟你一起去泰国。"

我被信仰引导着。

拥有信仰,意味着承认自己并不知道未来会发生什么。我发现,有一个词语可以用来描述这种心态,即塔拉·布拉奇(Tara Brach)提出的"彻底接受"(radical acceptance)这个概念,她说:"这种态度意味着,愿意如实接受自己和生活的状态,毫不掩饰地面对自己的内在和周围的环境。"

信仰是"无路之路"的重要组成部分,当人们谈论"不确定之路"时,都会提到它。迈克尔·麦克布莱德(Michael Mcbride)就是这样一个例子,他制作的有关历史知识的视频,在TikTok上开始走红,于是,他决定辞去工作。他简单地总结为:"当我辞去工作时,我实现了一次信仰上的飞跃。"

我与许多人交谈时发现,他们坚信,按照自己的方式生活的秘诀就是,攒足够的钱。我真希望他们能了解我所知道的事实:我们

第七章　无路之路的智慧

在不属于自己的道路上花费的时间越长,就越难转向真正属于自己的道路。金钱或许可以支付治疗费用、休假和康复疗养,但它无法帮助你达到确信一切都会好起来的内心安宁的状态。

怀有信仰,并不意味着无忧无虑。我仍然担心金钱、成功、归属感,以及我是否能继续这段旅程。然而,我能够意识到,正确的回应,并不是重构我的生活以消除这些忧虑,而是培养一种应对焦虑的能力,专注于我能控制的事情,并敞开心扉,迎接世界。正如莎朗·索尔兹伯格(Sharon Salzberg)所写的那样:"当我们被推向我们的极限,到达我们能力的边缘时,我们实际上是在接近生命最深层的奥秘。在这种极端的体验中,我们找到了信仰。"这就是"无路之路"的精髓,而在生活中培养信仰的唯一途径,就是探索极限,踏入我们生活的可能性。下一步对我们来说是未知的,这才是重点所在。

由此,我意识到,对于安吉的问题,唯一的答案是,我会跟随她一起去泰国。在那次旅行中,我们对彼此都做出了更深的承诺,我决定,无限期地返回台湾,支持她开始她人生旅程的下一个篇章。当时,我已经好几个月没有稳定的收入了,我也不知道自己是否能够在异乡赚钱谋生。但在那个时候,这似乎并不重要。我有信仰。我不知道接下来会发生什么,但我有一种直觉——一切都会好起来的。

第八章

重新定义成功

如何摆脱默认的成功模式,走向属于自己的成功定义。"无路之路"是自己定义成功的一场冒险。在最初的几年里,我对成功的定义是:感受到生命的活力、帮助别人、满足自己的需求。最初,我羞于将这个定义示人,但随着时间的推移,我意识到,这种成功取向的真正好处在于,我并不与任何人竞争。

> 人们常有这样一种观念，认为通过调整事物、改变规则、更换掌权者等方式可以拯救世界。不，不！这个观念是错误的。任何一个世界，只要是有生命的，就是一个合理存在的世界。真正应该做的是，赋予这个世界生命力，而要做到这一点，唯一的方法就是，找到你自己生命中的活力，让自己活出朝气。
>
> ——约瑟夫·坎贝尔（JOSEPH CAMPBELL）

◆ 成功的新篇章

2019年，调查机构盖洛普（Gallup）对美国人进行了有关成功的调查。对于"你个人如何定义成功"这个问题，97%的人同意以下说法：一个人，如果追随自己的兴趣和才能，努力成为自己最看重的领域中最优秀的人，那么他就是成功的。对于"你认为其他人如何定义

第八章 重新定义成功

成功"这一问题，只有 8% 的人给出了相同的回答。相反，92% 的人认为，其他人将成功定义为以下情况：一个人如果富有、拥有高知名度的职业或者成为家喻户晓的名人，那么他就是成功的。

我们自己对成功的定义，与我们认为他人对成功的定义，二者之间为什么存在差异呢？这种差异产生的原因可以归结为几个方面：首先，我们习惯于简化叙事。当我们谈论冒险的行动和生活选择时，我们往往会将人性的复杂性简化为简单的故事，以方便传达信息，易于理解。其次，当我们谈论自己的目标时，我们往往会隐藏真实意图，特别是，如果我们认为这些目标会显示出贪婪、嫉妒或傲慢。我们只讲我们认为会被接受的故事。每个人都知道我们会这样做，但这样做的代价是高昂的。结果就是，没有人真正了解他人的真实动机。最终，我们都像《单身汉》（一档美国真人秀电视节目）中的参赛选手一样，自欺欺人地相信，每个人都是在为"错误的原因"而努力追求成功。

年轻人在这方面会付出最高的代价，因为他们尚未完全体验过自己人生道路的起伏，也不太理解他人在数年之前是如何做出决策的。正如医生兼作家斯科特·亚历山大（Scott Alexander）所指出的："他们往往会遵循一个简单的原则，那就是，尊重那些被其他人尊重的人。"他说，在当今世界，最受关注和尊重的人是那些拥有财富、声誉、学位和权力的人。

上大学时，我梦想着从事咨询工作，并从顶尖大学获得工商管理硕士（MBA）学位。我记得，看着那些顶尖 MBA 项目毕业生的薪资报告，我深信，自己内心渴望的是六位数的薪水。在 27 岁时，

无路之路

我奇迹般地实现了这个目标，我的感恩之情隐藏了一个事实：我越来越感到迷茫。多年来，与越来越多的人交谈后，我越来越意识到，我的情况更接近于常态，而那些追随自己内心的人是例外，不是惯例。

许多人在取得了里程碑式的成就之后才意识到，自己走错了道路。这就是发生在职业篮球运动员凯文·杜兰特（Kevin Durant）身上的事情。2015年，他离开了效力九年的球队，加入了联盟中最强的球队。NBA对像杜兰特这样的球员的评价标准，一定程度上是基于他们所在的球队是否赢得了冠军。他之前所在的球队，没有获得过冠军。一些球员甚至在退役后，也会因未能实现获胜目标而遭到无情嘲笑。因此，许多年轻球员像杜兰特一样，为了增加赢得比赛的机会，频繁地更换球队，采取各种措施，竭尽全力提高获胜的几率。

就像阿格尼丝·卡拉德（Agnes Callard）指出的那样，杜兰特的问题在于，他已经清楚地知道自己该重视的是什么，所以，任何潜在的，更大的转变，对他来说就不再重要。当他的球队在十二个月后赢得冠军时，他并不感到满足，也就不足为奇了。他的朋友史蒂夫·纳什（Steve Nash）反思了杜兰特那个夏天的困惑情绪："他那个夏天过得并不好……他一直在寻找这一切的意义。他以为赢得冠军将改变一切，却发现并非如此。他没有感到满足。"

许多人在最终获得工作、晋升，甚至发现自己处于一直渴望的某个人生阶段时，都会面临这种感觉。正如作家瑞恩·霍利迪（Ryan Holiday）所写的："我心里很清楚，完成某些事情并不会让我快乐，但我一直幻想，这至少会感觉很好。我大错特错了。我第一次登上畅销书作者排行榜第一名的时候……我的内心毫无波澜。成为'百万

第八章　重新定义成功

富翁'……毫无感觉。"我们被内在的生物进化机制所驱使，没有人能完全免受这种"把戏"的影响。

这就是哈佛教授本-沙哈尔（Ben-Shahar）所说的"到达幻觉"，即我们往往认为，一旦实现了某个目标，就会获得持久的幸福感。

当我们意识到事实并非如此时，我们会感到空虚，最简单的应对方式是，忽视这种感觉并提高目标：更多的金钱、更大的房子、一辆新车、更高的薪水、公司的高级职位，或者更多的退休储蓄。我曾问过我所在咨询公司的合伙人，他的梦想工作是什么。他告诉我，他想要他老板的职位。"在同一家公司吗？"我问。"不然呢？"他耸了耸肩，然后转移了话题。我敢打赌，当这位合伙人实现他的目标时，他不会感到满足。

埃莉诺·罗斯福（Eleanor Roosevelt）曾提出："当你迎合别人或某个社区的标准和价值观时……你就放弃了自己的独立性。在这种情况下，你会变得更加偏离自己的本质，失去一部分作为人的特质。"我是在经历了一系列教训之后，才逐渐领悟到了这一道理。我从一个工作跳到另一个工作，做着和杜兰特一样的事情，试图实现别人的目标。多年来，我相信，一旦我赢得了一个虚构的未来领导职位，我就能最终做自己。这是一个显而易见的错觉，但很多人都会自欺欺人地说服自己相信这一错觉。

如果真的有意转向不同的生活方式，我可能需要离开商界，意识到这一点的时候，我痛彻心扉。通往"无路之路"的旅程往往始于这一刻，愿意审视自身的失望，重新思考是否还有更好的方式定义成功。

更好的方式就是我所说的"成功的新篇章",在这一阶段,你从关注自身不足,转向发掘自身潜力和优势,从追求功利性的目标,转向对愿景的追求;从认为快乐仅来自特定的结果,转而认定快乐更多地来自旅程中的体验。

人们不愿意转向成功的新篇章,是因为这意味着需要放弃那些被社会广泛接受的道路,放弃那些承诺能带来金钱、尊重和仰慕的道路。然而,如果我们相信盖洛普调查的结果:其中97%的人表示,他们对成功的定义包括成为"在自己最在乎的事情上做到最佳的人",那么,大多数人渴望的就是一条与他们独特价值观相一致的道路。因此,最大的障碍在于,尽早学会像凯文·杜兰特在成功的巅峰时所学到的教训,正如亨利·大卫·梭罗(Henry David Thoreau)所说"人们称赞,并视为成功的生活,只是众多生活方式中的一种"。

"无路之路"是自己定义自己的成功的一场冒险。在最初的几年里,我对成功的定义是:感受到生命的活力、帮助别人、满足自己的需求。我羞于将这个定义示人,因为那会让我感到自己有点傻。随着时间的推移,我意识到,这种成功取向的真正好处在于,我并不与任何人竞争。这意味着,成功的几率非常高,而坚持走"无路之路"的好处,只会随着时间的推移不断增加和累积。

声望与"功利测试"

我在麦肯锡的第一个星期并不像是在工作。相反,感觉就像是获得了世界上最有趣的俱乐部的通行证。我在想:"我是怎么做到

第八章　重新定义成功

的？"虽然，我生活中的大多数人对麦肯锡一无所知，但了解的朋友们都印象深刻。经济学家亚当·斯密（Adam Smith）曾写道，人们渴望"不仅仅是被爱，而且要变得可爱"。喜获麦肯锡工作邀请的那一刻，我感觉自己变得可爱了，沉醉于声望之中。

作家凯文·西姆勒将声望定义为"通过做出令人印象深刻的事情，或拥有令人印象深刻的特质或技能，而获得的某种地位"。这个定义特别适用于某些领域，比如体育界。我们最关注的体育明星，比如汤姆·布雷迪（Tom Brady）或勒布朗·詹姆斯（Lebron James），就是技术最精湛的人。然而，在商业界，人才更难评估，我们倾向于使用像证书这样的替代物来确定人才的质量和声望。

查看证书，在公司做大规模人才决策时，可能是一个好方法，但这也促使许多人只去追求证书，而不去追求他们喜欢的工作。我在麦肯锡的前几周，谷歌的一名招聘人员联系到我，推荐了一个特别项目，该项目的招聘，面向有两年麦肯锡工作经验的咨询师。如果我决定申请，我有很大机会被录用。这种情况就很诡异。仅仅几个月前，我渴望在这两家公司中的任何一家工作，但是现在，我只是在自己的领英（LinkedIn）账户个人资料上加上了麦肯锡的标志，才不过几周后，我就被授予了"声望经济"中的特殊地位。正如作家莎拉·肯兹尔（Sarah Kendzior）所说，这种经济体系将"金钱置于功绩之上，品牌置于技能之上"。

我并不回避这种地位，但在内心深处，我知道，我被奖励的潜在技能是，我擅长破解系统的能力。几乎所有在这些领域工作的人都明白，通过这些"功利测试"来获得成功，是常规的运作方式，但在最初阶段，包括我自己在内，所有人都没有想到还有其他选择。

投资者兼初创企业导师保罗·格雷厄姆（Paul Graham）认为，太多年轻人认为，学会如何破解"功利测试"是成功的必要条件。在与企业家们合作时，他努力说服他们不需要玩这些游戏。他分享了他与创始人之间关于导致成功的因素的常见对话：

> 如何吸引大量用户？他们对此有各种想法。他们需要进行一次能让他们获得"曝光"的大型发布会。他们需要有影响力的人谈论他们。他们甚至知道，他们需要在星期二召开发布会，因为那是能获得最多关注的时间。不，我会解释，这不是获得大量用户的方式。获得大量用户的方法是让产品达到真正的优秀。

当你花费整个生命来为通过测试而学习，并编制长长的成就清单时，很难相信，真正的成功是如此简单。在咨询行业，"功利测试"是普遍存在的。虽然你的工作质量很重要，但其他测试，比如，要取得高级合伙人的青睐，要服从任何工作安排，穿着要得体，以及学会以某种方式说话，这些更有助于获得晋升、加薪和继续在光鲜的职业道路上前进。

直到我成为自由职业者，不再把时间花在破解测试上，我才意识到，我有多讨厌这一点。在自由职业中，我凭借高质量的创意和为客户提供优质服务的能力来参与竞争。很多从前在咨询公司工作的人，在成为自由职业者后，会惊讶于完成相同工作所需的时间变

第八章 重新定义成功

少了。这并不是因为工作变得更容易了。事实上，没有整个公司资源的支持会更加困难，这只是因为，不再有成百上千个不同的人需要你去取悦。

为自己工作，我不再身处肯兹尔所说的声望经济中。在声望经济中，品牌比技能更为重要。如今，我处于一种独立经济体系中，从长远来看，我凭借学习、发展技能和我的声誉来参与竞争。这种竞争的难度更高，但也更有回报。有趣的是，人们常常将自己对世界运作方式的理解，映射到我当前的道路上。很多人说："你可以这样做，因为你在麦肯锡工作过，而且你还毕业于麻省理工学院。"他们认为，我的证书最重要。我希望这是真的！但实际上，虽然显赫的证书可以作为机会的敲门砖，却并没有直接转化为高收入，特别是在某些更具创意性的工作上，比如写作或线上课程，更是如此。

我花了很长时间才意识到，我不必一辈子都被困在不断应对"功利测试"的境地中。在麻省理工学院时，我读了威廉·德雷谢维奇（William Deresiewicz）的文章《精英教育的劣势》。他认为，精英学校通常会鼓励那些破坏有意义生活的行为，这个观点让我感到兴奋，但我并不知道如何改变这种情况。人们非常清楚，在各种公司和机构工作时，为了获得成功，不得不做很多荒谬的事情，然而，他们往往还是会自我欺骗，开始抱怨时总是先说："我知道我应该感激，但是……"

随着越来越多的人有机会为自己工作，并成为企业家，我想告诉你，要认真对待自己的疑虑，敢于争取更好的条件和结果。成功不再需要依靠破解"功利测试"。我同意格雷厄姆的观点："过去的时候的确是通过应对某种规则才能获得成功,比如,在20世纪中叶,当经济由寡头公司把持时,通往成功的唯一途径是玩他们的游戏。"

但世界正在改变,"无路之路"只是退出"功利测试"世界的一种方式。越来越多的人开始意识到,这些测试有多么愚蠢,他们选择摆脱这些传统测试的束缚,去创造新的和更好的游戏。这种新方式,不是为了迎合雇主希望看到的世界,而是为了满足我们自身学习和成长的动机。我认为这一点非常重要,我赞同格雷厄姆的评论:"摒弃传统的固有观念,不仅仅是个人行为,更是整个社会需要做到的,唯有如此,新的能量和创造力才能得以释放。"

与具有长期视野的人交朋友

互联网使我在"无路之路"上的新生活和事业成为可能。在上一份全职工作中,我开始撰写一些关于我对未来工作的想法的短文。这是我的个人行为,并没有得到公司的许可。这让我感到害怕,因为在我们公司,只有高级主管才被鼓励在社交媒体上分享他们的想法。

通过写作,我开始结交到朋友,我的恐惧感也逐渐消退。在发表了一篇文章后,我收到了一条消息,发件人曾经担任过纽约一家公司的首席人力资源官。他对我的求知欲表现出极大的兴趣,并提议我们约在咖啡馆见面聊一聊。我们的讨论热烈而充满启发性,离开时,我感到倍加振奋,充满动力。我渴望更多这样的经历,这激励着我继续写作。这也让我接触到了一种新型声望,这种声望来自

第八章 重新定义成功

对创新想法的认可,而非其他外在因素,这是我乐于接受的。

互联网上涌现出越来越多的微型社区,为人们提供了更多独特的方式来获得注意力和声望。例如,我参与了一个蓬勃发展的"创作者经济"生态系统,这个系统包括推特、私人群组、在线课程,以及现实中的见面会等各种平台。在这个系统中,慷慨地给予,并分享你所知道的一切,能为你带来声望。纳特·伊利森(Nat Eliason)、安妮-洛尔·勒昆夫(Anne-Laure Le Cunff)、皮特·莱维尔斯(Pieter Levels)和蒂亚戈·福尔特(Tiago Forte)这样的人之所以获得地位,不仅仅是因为他们外在的可衡量、可见的成就,还因为他们愿意支持他人,并详细分享他们赚钱的方式,以及他们如何看待自己的生活。

声望的概念正在迅速转变。我们越来越依赖虚拟社交媒体与他人进行交流,与传统的本地社区的联系产生了断裂,但是,我们比以往任何时候都更加关注那些传统意义上的成功人士,即在金钱、地位或名气上获得成功的人。然而,在这些华丽的表象之下,许多人却在寻找更小、更安静的社区,在那里,他们能够以适合自己的方式赢得声望。

这些社区,很多是在线上形成的,已经成为我"无路之路"上志同道合的伴侣。我惊讶地发现,全球范围内有这么多人对我的故事产生了共鸣,他们也跟我一样,正在寻找另一种不同的游戏规则,而不是像保罗·格雷厄姆所写的那样,去"破解"那些并不能公正反映个人真实能力的"功利测试"。现在,打开电脑,加入一个能够以你希望的方式来定义声望、地位和成功的社区,比以往任何时候都更加容易。这意味着，你可以根据自己的生活方式来设计你的生活，而不是被传统成功标准所局限。

互联网作为一个技术平台，确实也为线上负面群体的形成提供了可能性。我们对这些负面的线上社区关注过多，而对积极的线上群体关注不够。实际上，互联网为全球在线的人们创造了积极的连接和多样的生活选择。如果说"默认路径"是工业化世界的故事，那么"无路之路"就是数字原住民世界自然发生的故事，在这个世界里，没有什么能阻止我们找到与我们有共同愿望、想法和问题的人。

在我自主创业的第一年，休假时，我决定把更多的时间花在线上写作、播客和在线课程的运营上。在2018年，这并不是一条显而易见的成功之路。我在这些项目上投入了超过18个月，才赚了一千多美元。我为什么要坚持做这些事情？因为我找到了一小群人，他们看到了我所做工作的价值，并鼓励我继续前行。

这种力量在我的生活中有多么强大，怎么说都不为过。塞斯·戈丁认为，人类天生就"渴望成为部落中资历良好的成员"，在"默认路径"上，这意味着，我们往往会选择遵从默认的传统社会规范。在由数字社区推动的"无路之路"上，我们可以将自己置身于那些激励我们、推动我们在自己关心的领域取得进步的人群中。我在这条道路上坚持的时间越长，越是努力与那些朝着相似方向前进的人建立联系，我的生活就变得越好。

由此，我喜欢上了天使投资人纳瓦尔·拉维坎特（Naval Ravikant）的建议。他认为，我们应该"与具有长期视野的人一起，从事指向长期目标的活动"。自从通过写作结识了第一个朋

第八章 重新定义成功

友,我已经笔耕不辍五年多,主要的动力在于,通过写作可以不断结识优秀的人。比如,我在印度的朋友萨洛尼·米格拉尼(Saloni Miglani),她辞去了工作,成为了一名远程工作者。她给我发消息,告诉我:"你的写作向我展示了如何成为一个更快乐、更平静、更有创造力的人。"她不知道的是,我每周也从她和像她这样的人那里,学到了很多。

我很早就意识到,如果长期坚持分享,可能会彻底改变我的生活。写这本书时,我确信自己的直觉没错。

❖ 你就是那颗"坏鸡蛋"又何妨

在《国家的视角》(*Seeing Like a State*)一书中,詹姆斯·斯科特(James Scott)认为,"可辨识性"使现代化成为可能。他所说的"可辨识性",是指"将人口以登记、分类、编目等措施组织起来,使得国家更容易识别人口资源,这种安排,间接地简化了国家职能的执行,如税收、征兵和防止叛乱,带来了一定的管理效率"。

这种标准化的一个例子是,德国发明的"科学林业"。具体做法是,以纸张的产量为衡量所需树木数量的指标,通过计算生产纸张所需的树木量,可以对森林资源进行量化管理。这样,就可以根据纸张产量的需求,来规划和种植树木,以确保有足够的木材供应,从而优化纸张生产的效率和产量。这种方法在短期内效果很好,但长期来看,却导致了一系列负面效应,包括重要地方物种的丧失和土壤退化。事实证明,大自然的做法比科学家们所理解的要更明智。

无路之路

这种量化,现在已经被应用到社会的许多方面。如果从就业的角度来看待经济的话,经济的基本组织单位是"就业"。这就是为什么人们如此关注失业率,也被称为"就业数据"。学者型作家兼财务顾问本·亨特(Ben Hunt)认为,在20世纪的大部分时间里,标准化是"工业化时代的标配",对现代经济的成功至关重要。

然而,他继续说,在过去50年里,人们需要具备"清晰"并适应标准化的工作模式,因为这是"更适合工业化时代的"。政府和机构领导者们不遗余力地向人们鼓吹,遵循他们机构中的僵化路径是每个人的正确选择。亨特举了"工业化标准蛋"的例子来阐明他的观点。所谓的"好"鸡蛋是那些符合规格、完全干净,且可以合法地在超市出售的鸡蛋。

然而,任何农民都知道,还有其他好鸡蛋,比如亨特农场产的鸡蛋,它们常常很脏,形状各异,不需要冷藏。很多人认为它们不是好鸡蛋,但亨特知道真相,即它们是"生活中最美好的事物之一"。

亨特的鸡蛋提供了一个很好的比喻,用来思考"无路之路"。在"默认路径"上,你自动被视为一颗"好鸡蛋"。但是在"无路之路"上,人们把你默认作一颗"坏鸡蛋"。即使从未明确表达,当我离开"默认路径"时,我感觉自己仿佛立刻越过了一道虚拟的边界,变成了某种需要为自己的鲁莽进行辩护的叛逆者。

认为全职工作才是正常的工作,这种信念与现实情况并不吻合。2013年,盖洛普的调查发现,全球工资单与人口的比率,或者说从事全职工作的人口比例,为26%。如果只有1/4的人口拥有所谓的"好鸡蛋"工作,那么,那些教导我们如何看待工作和经济的主流故事,

第八章　重新定义成功

就可能存在一定的误导。至少，那种认为"只存在一种正确的工作方式"的看法就值得我们去质疑。

然而，这就是我们生活的世界。这意味着拥抱"无路之路"，需要与被视为"坏鸡蛋"的感觉作斗争。这使得那些离开"默认路径"的人，急切地拥抱仍然被"传统"经济认可的新身份。他们会选择那些在"传统"经济体系中仍然可被识别的职业身份，如创业者、企业家、自由咨询师，甚至新兴的"创造者"。

例如，当柯·海（Khe Hy）第一次辞去华尔街的工作时，他说他最初的计划是"成为一名吸引风险投资的企业家"。他想要创办一家公司，从投资者那里筹集资金。后来，他反思道："这听起来很俗气，但对我来说，成功的很大一部分是别人认为我成功。"

拥抱一个新身份，可以是进入"无路之路"这个不确定世界的有效方式。这至少可以作为搪塞他人问话的挡箭牌，毕竟，人们免不了要询问你下一步的计划。然而，许多人很快意识到，在新的身份下，他们并没有真正摆脱旧生活的问题，而是重复了相同的困境。幸运的是，柯意识到了这一点，在寻找新的道路时，他说，他需要与过去的生活拉开"足够的距离"，他意识到，自己想要的远不止于创办一家公司，至少，在他新生活的最初几年是这样。

"无路之路"意味着，要抑制住成为一颗"好鸡蛋"的冲动，找到真正让自己茁壮成长的方式。实际上，这意味着对"不舒适"的欣赏。霍华德·格雷（Howard Gray），一位咨询师兼故事讲述者，是"无路之路"上的老兵了。他将生活中的不确定性视为一个积极的因素。他认为，当他的生活"停滞不前，变得僵化或固化时"，那是一种不好的状态；而当他的生活是一个"无形的、不断发展的过程"时，他就走在正确的道路上。

当我们做符合期望的事情时，我们感到舒适，但这种舒适感却妨碍了我们去发展面对不确定性所需的技能。诺亚·洛瑞（Noah Lowry），旧金山巨人队的投手，他在童年和成年早期，都致力于棒球运动。但伤病迫使他在26岁时就退役了，这对于职业运动员来说，太早了。这个经历动摇了洛瑞的世界；他形容，这是"令人迷茫和混乱的"。后来他回顾道："一瞬间，我的身份崩溃了，我以为自己是谁，我妻子以为她嫁给了谁，全都分崩离析了。"洛瑞在自己的领域达到了成功的顶峰，但当这一切被夺走时，他意识到，自己不具备踏上新路径所需的技能。

肖恩西·比卢普斯（Chauncey Billups），职业篮球运动员，他37岁退役时也有了同样的体会。他的职业生涯并没有像洛瑞那样因为伤病而缩短，但他仍然感到焦虑不安："你从一个37岁的老家伙……变成了一个在其他任何地方都没有真正经验的年轻家伙。你可能会迷失方向。"

这让我想起了丽贝卡·索尔尼特在《浪游者》（A Field Guide To Getting Lost）一书中关于迷失的见解。她说："失去某些东西，意味着熟悉感的消逝，而迷失，则意味着，直面陌生感的产生。"比卢普斯在失去职业生涯的同时，也经历了迷失，然后朝着新的方向前进，即便是在职业生涯中的收入超过1亿美元，他也没有准备好面对这种不确定性。这说明，如何应对不确定性，不是我们能够自然习得的，或者，至少不能凭借投入更多的金钱来"解决"。

第八章　重新定义成功

成为一颗"好鸡蛋"（指符合社会期望的人）的好处之一是，我们不会感到迷失。但"无路之路"上的"坏鸡蛋"最终会意识到，在迷失中存在着智慧。这并不意味这个过程会轻松。就像比卢普斯一样，你会感觉自己在做错事，或者至少不知道自己在做什么。别人简单的疑问，如"你做什么工作？"就会暴露你自己的不确定性，感觉像是对灵魂的致命一击。

为了削弱这些问题的影响，我们要接受以下事实，即被视为"坏鸡蛋"，是无论如何都无法避免的。唯一的前进方式是，我们最终要达成一个认知，即实际上，根本没有好鸡蛋或坏鸡蛋之分。"无路之路"就是要从评判职业的做法中解脱出来，认识到还有无数的值得追随的职业道路供我们选择。

正如梭罗在他的作品《瓦尔登湖》（*Walden Pond*）中所说："只有当我们迷失了自我，失去了对世界的认知，我们才开始找到真正的自我，意识到自己身处何处，以及我们与世界无限广阔的关系。"

◆ 找到你的"知足点"

> 你在帮助别人吗？他们快乐吗？你快乐吗？你盈利了吗？难道这还不够吗？
>
> ——德里克·西弗斯（DEREK SIVERS）

设计师兼企业家保罗·贾维斯（Paul Jarvis）撰写了一本书，书名为《一人公司》（*Company of One*），书中详细讲述了他努力构建可持续的事业和生活的经历。在他的创业过程中，人们都敦促他扩大业务、雇用员工并赚更多钱。但在每一个机会面前，他都选择继续独自工作。随着时间的推移，他走出来了一条令他兴奋不已，并愿意继续走下去的道路。他意识到："选择自己的道路，重要的是要找出哪些价值观会决定你的价值。"一旦他对这些价值观有了明确的理解，就更容易确定自己应该关注的方向。

达到这种理解，需要大量的反思和实验，但令人惊讶的是，在"无路之路"上，往往比在"默认路径"上更容易进行这种自我价值观的探索。因为我为自己工作，我不会责成别人对我的处境负责，而是完全主宰自己的生活，继续实验、反思和再次尝试。目前，我在六个月时间里体验到的不同生活方式，比我过去在"默认路径"上花十年时间体验到的还要多。这使得我能够更快地学习和成长。

随着时间的推移，你开始理解什么是重要的，更重要的是，什么时候该说"不"。为了处理这些问题，贾维斯写了一个关于"知足"的个人定义。注意它是多么详细：

> "知足"是无节制增长的对立面，因为，增长鼓励盲目消费，而"知足"，则要求我们不断地质疑和了解自己的需求。"知足"是我们达到所需上限时的状态。足够的营业收入意味着，我们的生意是盈利的，并且能够支付员工的工资。足够的个人收入意味着，生活得舒适，不用为财务发愁，还能为将来存点钱。"知足"意味着，家庭有足够的食物，有安全的住所，未来也被考虑在内。足够的

第八章　重新定义成功

物品意味着，我们拥有生活所需，没有过多的多余物品。

贾维斯清楚地知道自己在乎什么，并且不害怕分享这些想法。对于许多全职工作的人来说，进行这种反思可能很难，甚至是不可能的。例如，很少有人会考虑在九月份走进他们经理的办公室，宣布："我今年赚够了钱。我们明年一月份见！"相反，人们更容易接受追求利润的企业的经济逻辑，即"越多越好"，并将这种逻辑应用到自己的生活中。

这种逻辑对一些人来说可能有效，但它却让许多人走向倦怠。作家乔斯林·格莱（Jocelyn Glei）曾在一家初创公司工作过，她回忆道："在初创公司工作四年后，我有机会制作很多很酷的东西，我开始醉心于自己的工作效率，变得极度雄心勃勃，决定将工作量乘以三，给已经很繁忙的工作日程添加了多个庞大的新项目（我自己设计的！）。"身处其中，她很难看清发生了什么，因为她太喜欢这项工作了。到了那一年年底，她确实创作完成了大量出色的作品，但她也变成了一个筋疲力尽、毫无生气的人。她将这种状态称为自己的"忙碌崩溃"。下班后，她没有精力投入恋爱、健康和其他重要的事情。她意识到，当"我们今天工作的方式和我们明天工作的方式成为常态"时，这种高强度的工作方式很快就会成为"新常态"，而创造一种全新生活方式，就变得非常困难。她非常高产，但对她来说，这还不够。

当我与金钱建立了更好的关系，不再以匮乏和恐惧的心态行事时，我开始形成自己对"知足"的看法：

无路之路

"知足"意味着,我明白,无论我银行账户里有多少钱,都无法满足我内心深处的恐惧。还意味着,我知道,我有足够的朋友,如果我有需要,他们会很愿意向敞我开大门,与我共享一餐。这种满足感,能够让我长时间致力于对我有意义的项目,以慷慨的精神帮助他人,并在我的生活中腾出足够的空间和时间,保持长期这样做的活力。"知足"是,敢于对能在短期内增加收入的项目说"不",从而转向那些一时难以理解,但长期看更有价值的项目。"知足"是,知道衣服、丰盛的餐食或新潮的器具都不会让我更幸福,但也知道,购买这些东西不会让我破产。"知足"是,与激励我的人、我爱的人或支持我的人进行有意义的对话。

在"无路之路"上,"知足"赋予你选择的自由,你可以对诱人的财务机会说"不",转而选择能激励你创造长期回报的机会。

当我推出播客时,人们以为这是一个庞大的项目,认为我想要与吉姆雷特传媒公司(Gimlet,美国网络广播创新企业中的佼佼者),以及美国国家公共广播电台(NPR)竞争。他们不知道,我只是将其视为一个实验,并不以此来追求金钱上的成功或名誉。从这个角度来看,用 20 分钟在 PowerPoint 上制作播客封面,花不到一个小时编辑音频,然后在没有太多关注的情况下,发布出去,以上所做都是有意义的。因为,我是从"知足"的感觉出发,没有奢求得到其他。

如果我们不定义"知足",我们就会默认追求更多,这样,我

第八章　重新定义成功

们就不可能知道何时说"不"。

当我写这一部分时,我给贾维斯发了封电子邮件,邀请他进一步拓展他所写的"知足"为主题的文章,但我收到了这样的自动回复:"请注意,此电子邮件地址已不再活跃或使用。"

看来,贾维斯知道何时该"适可而止"。

◆ 超越匮乏心态

> 问题在于,我们的文化参与了一场浮士德式的交易,我们用自己的天才和艺术换取了表面上的稳定。
> ——塞斯·戈丁(SETH GODIN)

我的母亲认为,我 20 多岁时面临的健康危机让我走上了目前的道路。"它改变了你。"她说。

虽然我不认为这是让我离开"默认路径"的唯一原因,但疾病确实改变了我对不确定性的看法。在生病期间,我连续几个月没有收入,花费了数千美元用于治疗,眼睁睁地看着我的积蓄减少到不足三个月的生活费用。三年后,我的储蓄额增加到了之前的五倍。因此,裸辞似乎并不那么可怕。

如果不是因为生病,我可能不会在没有明确赚钱计划的情况下,如此放心地辞去工作。现在看来,这似乎很疯狂,但在辞职后,我并没有考虑过大幅削减支出。作为一名受过训练的咨询师和前财务分析师,我曾花费数百小时为公司建立模型,却从未费心为自己创

无路之路

建一个详细的个人支出模型。我当时在想什么呢?

这并不是大多数人辞职的方式。我在交谈中发现,无论人们有多少钱,他们都会极力避免因财务状况不佳带来的任何困扰。这就是为什么辞去全职工作看起来可怕,而稳定的工资单却如此令人上瘾。

经济学家丹尼尔·卡尼曼(Daniel Kahneman)发现:"人们在18岁时对收入的重视程度,也预示着他们成年后对收入的满意程度。"在"默认路径"上,虽然我总是被在乎金钱的人包围着,但是,我很容易说服自己,认为自己不像周围的人那样看重金钱。但当我辞职时,我意识到,之前的这种自我评估是错误的。

我在生病时,连续几个月没有收入,离开工作后的几个月,又是另一番光景。金钱,从一个"次要考量",变成了我生活中最重要的事情之一。我正在经历心理学家所说的"匮乏心态"。

对这种心态的研究,最早出现于1944年。战争导致了人们对食物短缺的恐慌,人们面对食物匮乏的表现,也成为研究课题。明尼苏达大学的研究人员招募了36名参与者,进行了一项涉及长时间不进食的研究。除了预期的生物学反应外,这些人变得痴迷于食物。他们谈论着开餐厅,转行到餐饮服务行业,分享食谱,并比较各种不同报纸上刊登的食品价格。研究人员得出结论:当我们觉得缺少某物时,我们往往会对此物着迷。

当我刚离开工作时,我对工资也有类似的"痴迷"。这激发了我,为削减生活成本搬到波士顿,并推动我全力以赴寻找自由职业项目。这些举措,一度缓解了我的匮乏感,却分散了我的精力,令我无法

第八章　重新定义成功

一门心思探究不安感的根源。

当我搬到中国台湾时，我本打算寻找自由职业工作，但被"无为"的魔力和新感情的兴奋感所吸引。没有收入进账，我把注意力转向进一步削减开支。在支出跟踪应用程序的帮助下，我像一名经验丰富的会计师一样，仔细审查每一笔购物记录，成功将我的生活成本降低到每月不到1000美元。这再次减轻了赚钱的压力，但也延迟了更深层次的自我反省。

当我与安吉开始计划留在亚洲时，我又开始担心赚钱的问题。于是，我接受了一家小型咨询公司的自由职业项目。这个项目的报酬是7500美元，可以资助我几个月的生活，但当我开始做这个项目时，我意识到，我自欺欺人地让自己接受这个项目，是为了平息自己的恐惧，而不是因为我对这项工作感兴趣。我承诺，不再犯同样的错误。

美国人类学家欧内斯特·贝克（Ernest Becker）坚信，我们生活中的大多数行为，都是由对死亡的恐惧驱使的。在对金钱的恐惧背后，我渴望过上有意义的生活。我怀疑，对许多人来说，情况也是如此，金钱是我们用来"证明"自己价值的一种捷径。然而，根据我的经验，无论获得多少钱财，似乎都不能让人感到满足。贝克认为，超越这些根源性的恐惧的唯一方法是，过一种英雄般的生活。他认为："如果每个人都诚实地承认，自己渴望成为英雄，那将是一个毁灭性的真相释放。"

他所说的"英雄气概"，与其说是拯救世界，不如说是"无路之路"：一段寻找自己，与不安全感作斗争，并敢于寻求独一无二生活的旅程。贝克尔认为，现代世界的既定路径，会诱使人们遵从他人的期望，而不是循序渐进地采取行动，创造自己的独特路径。

在这条"无路之路"上，来自社会期望的压力，并不是主要的担忧；摆脱社会规范的束缚，并不意味着理想生活会自动出现，人们需要逐步采取行动去创造它。在亚洲的那几个月里，我开始意识到，我需要从会计师的角色毕业。最小化开支是减轻赚钱压力的有用步骤，但是，这并不构成一种生活方式。最小化开支虽然赋予我信心，在不牺牲幸福的前提下，做出大胆的改变，但也让我陷入了匮乏心态，无法迎接更多可能性。

我还会担心钱吗？会的。但现在，我深刻意识到，我的财务不安全感，可能会让我分心，无法专注于保持活力和动力。我不再玩防守的游戏，不再为了避免失败而行动；而是开始玩主动出击的游戏，为了成功而努力。

在金钱恐惧背后，是根源性的恐惧，比如对死亡的恐惧，或者对不被爱、尊重和仰慕的恐惧。这些恐惧可能是无法解决的，但我们可以学会与它们共存。这也是为什么财务担忧可能会变得无穷无尽，人们终其一生的追求是无止境的。与此相对立的另一面是，如果我们能学会与财务不安全感共存，我们就可以将它们转变成次要问题。这会让你敞开心扉，迎接真正的秘诀："无路之路"也有着无限的机遇。

第九章

人生真正的工作

找到自己想继续做的事情,释放内在的创造精神,弄清楚如何做有用的事,为人生旅程注入希望。

"无路之路"的目标不是求职、赚钱、创业或实现任何其他指标,而是积极地、有意识地寻找你想要持续做下去的事情。这是"无路之路"的一个最重要的秘密。

▶▶▶▶ 无路之路

　　你远比你现在所了解到的自己，要深邃得多。你注定是一个神秘而伟大的存在。在你的内心深处，珍藏着传世的伟大天赋。或许，有时候，你会觉得，自己不过是巨大机器中的一颗螺丝钉，认为自己在宇宙的宏伟蓝图中无足轻重，但真相是，你完全有资格去追求充满意义的生活，神奇的生活，能够实现自我价值和贡献的生活。

　　　　　　　——比尔·普洛特金（BILL PLOTKIN）

◆ 寻找你的对话

　　诗人大卫·怀特诠释世界的方式深深启发了我，他称之为"现实的对话属性"。他认为，我们所有人都与世界有着持续的"对话"。这种对话可能是字面意义上的，比如，我们与他人的交流或自我对话，也可以是隐喻性的。我的理解是，我们都需要真正了解自己的潜力、渴望和目标，只有向世界敞开自己，我们才能找到自己在这个世界

第九章 人生真正的工作

中的位置和使命。

开启对话的最好方式是,单纯出于好奇心而提问。对我来说,我最喜欢的问题包括:

- 什么是最重要的?
- 我们为什么要工作?
- "美好生活"的标准是什么?
- 是什么阻碍了变革?
- 如何找到让我们焕发活力的工作?

这些问题并不简单,但当我学会在好奇心引导下留心观察时,我开始意识到,答案会自发地出现,成为生活的副产品。就像怀特所说,当你感觉自己进入了一个真正的对话时,无论这个过程有多么缓慢,都能帮助你理解周围的世界。

当你愿意置身于当前现实的"前沿"时,现实的对话属性最为明显。正如怀特所反思的,"人类花费在远离'前沿'上的时间实在是惊人"。"默认路径"使人们远离"前沿",但"无路之路"将你推向"前沿"。怀特认为,如果我们不向这个"前沿"前进,就要为此付出巨大代价,我们会错过一个更深刻、更宽广的可期的未来。

在辞职后的第一周,我第一次被迫走向现实的边缘。我开始在纽约四处游荡,最终来到一个名为克洛斯特斯(Cloisters)的公园,位于纽约的边缘地带。客居纽约两年半,我却未曾全面探索过这座城市。漫步公园，俯瞰哈德孙河（Hudson River），我感到迷茫，是那种找不到出路的迷茫感。如果有人问我要去哪里，我将无言以对。如果有人建议我几个月后搬到波士顿，我也可能会采纳。但如果说，两年多后，我会来到亚洲，结婚？我对此则毫无预期，身处当前现实的"前沿"，是令人迷惑的，内心深处，可能有一种感觉，认为自己应该朝某个方向前进，却无法解释为什么会有这种感觉。

这就是怀特对"现实的对话属性"的理解。他承认，世界上有更深层次的力量在起作用，而我们只是这一切魔力中微小的一部分。他认为，虽然被这种魔力所裹挟，但是我们仍然需要勇敢地探寻生活的重心和自己的定位。过去，我的大部分时间都被安排成了例行公事的固定生活模式，我几乎花费了所有时间来明确自己的定位。这导致我的好奇心短路了多年，根本看不到与世界"对话"的可能性。

踏出"默认路径"，意味着即刻被推向"前沿"。你关注的事物和提出的问题会立刻揭示出对话的线索，帮助你更深入地了解自己的真实目标。你会面临一段困惑期。你可能会产生分享的冲动，急于向每个人宣告你的新见解、质疑和猎奇，但这可能会导致不必要的负面影响。你的想法可能会让其他人感到不舒服，他们表达的任何质疑或批评都可能会说服你逃离探索前沿的道路。

我的对话本身发展得很缓慢。起初，这是一场笼统而含混不清的独白，引发自祖父的去世和病退带来的身份缺失。随着时间的推移，这场独白演变成了一场更加复杂的对话，其中包括我的生活体验，以及通过写作结识的其他人的体验。这些人脉连接，大大助益了我对"前沿"的探索。我最欣赏威廉·德里谢维奇的文章《孤独与领

第九章 人生真正的工作

导力》,他在文中强调,人们往往会在与密友的真正对话中找寻到智慧的火花。

> 内省意味着与自己对话,而与另一个人交谈是与自己对话的最佳方式之一。这个人,应该是:你可以信任的人,可以向其展示灵魂的人;一个给你带来足够安全感的人,可以让你放下戒备,与之分享私密想法的人;可以给你带来意外灵感,可以启发你产生新质疑、提出新问题的人。你与之谈论的话题,可能会被人群嘲笑或被权威斥责。

虽然"无路之路"是一段独行的旅程,但至少,你应该拥有一个亲密朋友,可以与之进行这种亲密的对话,这一点至关重要。他们将让你始终保有与世界对话的意识。

幸运的是,我找到了许多愿意与我对话的人,他们的帮助让我得以自在地探索自己的前沿。我从中受益匪浅。我不断对自己提出问题,虽然尚未得到完美的答案,但不知何故,这种对话已经演变成了我充实的人生:与人相伴、思想的碰撞、焕发的好奇心和愉快的工作,这些都让我沉醉其中,欲罢不能。

◆ 设计自己喜欢的工作

> 我们总是陷入日常生活中的各种事务,比如恋爱、争吵、找工作或担心失去工作、生病和康复、关注公共事务等。

> 我们往往认为，只有等到这些干扰结束，才能进入专注的状态。但是，真正能够取得成就的人，是那些对知识有着强烈渴望的人，即使在条件不利的情况下也会去寻求知识。有利的条件永远不会自动出现，只有那些主动寻求知识的人，才能在不利条件下也能找到学习和工作的动力。
>
> ——C.S. 刘易斯

约翰·奥诺兰（John O'Nolan）给自己设定了一个目标：三十岁之前创立一家市值一百万美元的公司。经过几次失败的尝试后，他决定重新评估。他意识到，如果坚持下去，或许他会实现这个目标，但是，即便公司创立了，他也不想参与其中了。

他改变了策略，转而致力于创立一家他愿意"长期投入"的企业，并重新考虑了一个他曾搁置的想法：建立一个新的博客平台。他的想法看起来很愚蠢。每个人都在使用像 WordPress 或 Blogger 这样的主流平台。他算什么，凭什么竞争这个领域？尽管如此，他还是决定去尝试，最终创立了一个新的博客平台，名为 Ghost。

为了确保自己的长期策略成功，约翰做出的决策与传统初创公司截然不同。例如，他不控制股份，也无法出售公司。在接受阿里·阿卜杜尔（Ali Abdaal）的采访时，他说："我不是 Ghost 的拥有者。我是 Ghost 的受托人。这意味着，我可以像所有者一样引导它，但如果我厌倦了，我不能卖掉它。我没有任何股份。"这与科技行业中几乎所有人的操作方式相悖，但如果你计划长期与你正在建立的公司合作，这样做是有道理的。

第九章 人生真正的工作

与那些为了将来能够"退出"（即出售公司）而优化经营的企业家不同，约翰成立公司的初衷是打造自己想持续工作的地方，他所做的所有决策都是基于这个目标。随着他的平台发展壮大，一些企业开始要求 Ghost 公司为他们提供定制安装服务，这对后期的维护要求很高。约翰拒绝了这样的客户，也没有为此雇用专门与企业客户打交道的员工，尽管这意味着会错过这类很明显的商机。约翰吸取了我的教训，没有接受有可能耗尽精力的客户。如果赚钱会削弱你继续前行的愿望，那么这钱就不值得赚。简而言之，约翰更重视保持公司文化和个人的工作热情，而不是单纯追求利润最大化。

许多人正是因为拒绝了明显有利可图的机会，才能在自由自在的探索中偶然间发现自己喜欢的工作。约翰反思道："当我放下对传统意义上的巨大成功的追求时，成功开始向我走来。"我认为，这种情况的发生，并非随机事件，而是有其内在的原因和逻辑的。拒绝某事物意味着，我们知道自己的立场。当我决定拒绝未来的自由职业项目时，我心中已经正式确定了其他选项的时间表：写作、在线商业活动版图以及其他选项。

"无路之路"的目标不是求职、赚钱、创业或实现任何其他指标，而是积极地、有意识地寻找你想要持续做下去的事情。这是"无路之路"的一个最重要的秘密。

本着这样的原则，你会意识到，如果你不能确定自己喜欢上了一份工作，那么仅仅为了财务收益去追求这个机会是没有意义的。真正有意义的事情是，去尝试不同类型的工作，一旦找到值得做的事情，就以此为基础，调整生活方式，构建长期发展的事业。

无路之路

这种想法帮助你扭转了心态，从感到"工作糟心透了"，转变为"围绕喜爱的工作设计生活"。直到坐下来写这本书时，我才意识到这种转变的意义有多深远。

辞职之初，我是在逃离，渴望摆脱束缚。这种欲望驱使我围绕灵活性设计我的生活，并在很大程度上实现了这一点。我从每年必须在办公室待两千多小时，变成了每个月在任何实体地址待不到几天。

不幸的是，这种生活是建立在自由职业的基础上的，我的心却从未真正投入其中。我仍然喜欢参与一些咨询项目，但这并不是我前进的动力所在。我想要继续做下去的工作是写作、分享故事、帮助他人以及尝试其他在线活动。当我开始做自己的播客和博客时，总觉得自己竟然喜欢上这样的工作，是不是有点傻。现在，我终于意识到，这才是真正重要的工作。

作家史蒂芬·库伯（Stephen Cope）认为，找到你想要坚持做下去的工作是"你一生中的重要工作"。库伯最大的恐惧是"带着未能充分活出自己的遗憾而死去"。这种恐惧激发了他的求知欲，他每天的阅读时间超过三个小时。最终，他撰写了《你生命中的大事》（*The Great Work of Your Life*）一书，分析了那些励精图治的人所拥有的独特品质。托马斯福音书（*the Gospel of Thomas*）中的一段话，给了他灵感和启发：

> 如果你勇敢地展现自己内在的才能，那么你所展现出来的真实自我将会拯救你。相反，如果你内在的潜力无法

第九章 人生真正的工作

得到释放，就会导致心灵的破坏和困惑。

他研究了一系列名人的人生，如苏珊·B. 安东尼（Susan B. Anthony）、罗伯特·弗洛斯特（Robert Frost）、约翰·济慈（John Keats）、哈里特·塔布曼（Harriet Tubman）和亨利·大卫·梭罗（Henry David Thoreau）。他发现这些名人拥有的共同特质：努力挖掘内在的潜力。这对他们来说并不容易，他们需要面对挑战、拒绝和批评。在他们人生的每个关键时刻，他们要么坚持追寻励志图强的事业，要么确保自己的时间都花在自己最在乎的事情上。用梭罗的话来说："我们所投身的这场游戏，也是我们应当投身的游戏，是一场坚守自我、忠于内心的角逐。"

说起"挖掘内在潜力"的人，我想到了我的母亲。在我上大学二年级时，她在我所在的大学找到了一份工作。她快速熟悉了自己部门的业务，成为了办理助学金的专家。在承办业务之余，她乐于跟学生们倾心交谈，我的很多朋友都愿意找她倾诉心事。在她的部门勤工俭学的学生们，都将她视作良师益友。在我们的大家庭中，她是组织大家团聚的召集人。在我们的小镇上，当人们生病时，她伸出援手，为有需要的人筹款，她还积极参与提升学校的教育质量。在她扮演的每个角色中，她都以自己的方式，倾其所有，奉献一切。

然而，就是这样一位开明无私的母亲，对我的职业选择却是相对保守的，她一直敦促我找一份"舒适安稳的公务员工作"，即使我在新的道路上感到快乐并取得了成功。虽然母亲是半开玩笑地提出这个建议，却引发了我对工作本质的思考：不计个人的付出成本，

无路之路

去寻找一份舒适的工作,这种动力从何而来呢?我认为,部分原因是对工作的理解过于狭隘,仅仅将其视为一份有薪水和福利的全职岗位。然而,像库伯一样,我接受了对工作更为宽广的理解,并认同他的说法,即探寻值得投身的事业,方为真正的工作,亦是人生至高的追求之一。

狭隘的工作观念对我们的束缚之大,实在难以低估。这一点,是在我观察妻子的艺术事业时发现的。我妻子探索了各种艺术项目:水彩画、丙烯画、素描、岩石涂鸦、禅绘等。她的作品给我留下了深刻印象,也激励了我。这是值得她做下去的工作,如果她对此失去了激情,我会感到沮丧。然而,当她对外分享作品时,特别是与美国人分享时,他们总是建议她将其商业化:"你应该开设绘画课!""你打算出售这些作品吗?""你可以赚很多钱!"其中隐藏的假设是,赚钱或想方设法将激情变成一份工作是最重要的。虽然在"无路之路"上,金钱很重要,但是,将其作为过滤器去筛选值得做的工作,尤其是在初始阶段,就是一个错误。

找到值得长期投入的事情才是更重要的,这比一个岗位能提供的任何形式的安全感、舒适感、稳定感和尊重感都更有力量、更激动人心。为从事这样的工作而奋斗,才是最重要的,不管你是否能在短期内从中赚钱。

我意识到这一点比较晚,但现在我明白了。我获得报酬的工作可能会随着时间而变化,它可能涉及我想继续从事的事情,也可能不涉及。但我想要继续做的事情,比如给年轻人做辅导、写作、教学、分享想法、广泛社交,以及进行有意义的对话,这些都是值得努力

第九章 人生真正的工作

去做的事情。

我开始有意识地追求一种以喜欢的工作为中心的生活,我很幸运,能拥有母亲这样的榜样,她身体力行了这个准则,无论是否有意为之。她可以在许多不同的环境中找到适合自己的角色或位置。我在之前的道路上曾经很难找到自己的位置,而现在,我选择了另一条道路。我想让那些和我有相似经历的人坚信:寻找自己喜欢并愿意坚持从事的工作是值得的。

最重要的是,我渴望看到更多人可以像我的母亲那样生活。

◆ 我们希望成为有用之人

> 无论以何种形式,有用性是我们为了能够呼吸空气、享用食物以及享有生存权利所应该付出的代价。有用性本身就是最好的回报,因为它是幸福的起点,正如自怜和逃避斗争是痛苦的起点一样。有用性,意味着通过为他人和社会做出贡献来实现个人的价值和幸福。
>
> ——埃莉诺·罗斯福(ELEANOR ROOSEVELT)

根据哈佛心理学家罗伯特·凯根(Robert Kegan)的说法,我们正在从一个需要被动去"适应"的世界转变为一个必须主动培养"自我书写"能力的世界。我们不再依赖外部线索来学习如何生活,而是需要形成独立而连贯的内在叙事,解释自己为何以某种方式去生活。这是"无路之路"的理念,如果你不知道或不理解自己的故事,你就会经历内心的挣扎。

然而，当人们思考自己的故事时，面临的一个最困难的问题是："我应该做什么？"

我们难以确定真正想做的事情，一个主要障碍来自我们内在的信念，当我们想要做的事情不被大众视为"正常"时，我们的内心会发出警告。教授兼作家布琳·布朗（Brene Brown）厘清了"羞耻"和"内疚"的概念，让我认识到，人们努力关注直觉和欲望时到底发生了什么。她将羞耻定义为"极度痛苦的感觉或体验，自惭形秽，因而觉得不配得到爱和归属感"。她认为大多数人在做人生选择时给予了这种情绪太多的力量。

她认为，我们无法消除羞耻感，建议人们关注另一种略有不同的情绪，即"内疚"。她将内疚定义为："将我们做过的事情或未能做到的事情与我们价值观相对照时，感到的心理上的不适。"与"羞耻感"不同的是，"内疚"是一种具有行动意义的情绪。因为它揭示出我们关心的事情与实际行动之间的差异，从而帮助我们意识到我们真正重视的是什么。

许多人在内疚感的驱使下去工作，这是一种对不安情绪的正常反应。大多数人想要做出贡献、帮助他人并与世界互动。然而，有时这种冲动会被我们的羞耻感所劫持，我们会走上不属于我们的道路，因为我们觉得世界对我们的爱取决于我们做一些特定的事情。我们担心，如果我们退缩或做出改变，可能会遭到家庭或社区的排斥。这是生活中最可怕的感觉之一，让许多人在做出改变时犹豫不决。然而，如果我们学会识别这种反应，就能平息羞耻感的声音，以健

第九章 人生真正的工作

康的方式,利用内疚感来引导我们走向我们关心的事情。

我环游世界时,遇见过不同背景的离开"默认路径"的人们,他们有个共同点,即都希望与世界互动,成为有用之人。许多人会认为,理想的生活是在海滩上度过余生,但当有机会选择这条道路时,几乎没有人会真的这样做。

塞巴斯蒂安·容格(Sebastian Junger)在书中描述的从战场中归来的士兵,也有类似的情况。尽管这些士兵面临创伤后应激障碍,但他们中仍有很多人想要返回危险的战区。为什么?因为在战争中,他们感到自己是其中的一部分,与跟他们一起并肩作战的男人和女人深深联结在一起。容格反思道:"人类不介意困难,事实上,他们在困难中茁壮成长;他们介意的是感到不被需要。"容格认为,"现代社会在让人们感到自己不被需要方面,做得非常成功"。换句话说,现代社会缺乏让人们感到自己对社会有价值和有贡献的机制,而这正是人们内心渴望的。这种感觉的缺失可能导致人们寻求那些能够提供这种"必要性"感觉的情境,即使这些情境可能是危险或具有挑战性的。

感到"有用"的需求是一个强大的需求。这是"无路之路"的隐藏优势,也是寻找心向往之、有用武之地的工作的理由。当你找到想要参与的对话和想要持续进行的工作时,你开始感到自己是不可或缺的,整个世界也随之向你敞开了大门。

❖ 重拾遗忘的记忆

> 那最初的欣喜,源于意外地忆起自己未曾知晓的所知。
> ——罗伯特·弗洛斯特(ROBERT FROST)

小时候,我一门心思地把时间都花在电脑上。放学后,我冲进家门,坐在电脑前,点击美国在线(America Online)的图标,等待电话线拨通美国某个随机号码。接着是一连串有趣的噪音,我就登入了网络!眼前就是万维网,我开始上网玩耍了。

记得有一天,父亲带回家一本《DOS傻瓜书》。我们在电脑前打开书,输入了一些指令。多么激动人心的时刻!输入了几个字,我就能控制电脑。我上瘾了。之后的几年里,我参与了各种各样的在线活动。我自学了如何搭建个人网站和编写HTML代码,加入了摔跤角色扮演联盟,经营篮球模拟联盟,分享盗版音乐,交换毛绒玩具,出售网站模板,在互联网上赚到了第一笔钱。我追随好奇心的引领,无论它引领我至何方。

随着年龄的增长,我自然而然地转向了科技和电脑领域的工作。哦,等等。实际情况并非如此。相反,我选择了追随"默认路径",寻求传统的成功之路。在这一传统道路上,我进入了大型公司,在那里,尖端技术和创意只能等到数年的规划和提案后才能使用。我从未将自己对技术的兴趣视为值得单独追求的目标,技术兴趣只是配角,是帮助我在传统道路上取得成就的一个优势。

回首往事,我有点尴尬地意识到我忽视了对科技持续的好奇心。

第九章 人生真正的工作

在高中时，我建立了一个天气网站，为朋友们预测哪天下雪，取名为"保罗预言"（Paul Says it Will）。在大学里，我开始向往有声望的职业，但我仍然在空闲时间里做一些其他事情，比如：以"DJ PoPo Shizzle"为艺名制作 DJ 混音作品，和朋友一起运营一个名为 S4 的博客，学习编程。这些经历，不是"默认路径"的一部分，清楚地预示了我目前的自雇生涯：担任培训师、咨询师，从事产品开发并进行在线实验。现在看来，我显然是选择或创造了一个与科技相关的职业，但当时我被欲望的力量左右着，竟然没有看到这一点。

在我自雇之旅的两年后，我意识到最让我兴奋的活动大多数涉及电脑。当我构建网站、推出播客、创建在线课程、运用各种工具进行营销，以及跟朋友们在推特（Twitter）上聊天时，我仿佛又回到了小时候，坐在那第一台电脑前。

我的朋友乔尼·米勒（Jonny Miller）认为，"人类的存在是一个无限展开的过程，记忆、遗忘和再次记忆"。

为了在"无路之路"上茁壮成长，我们必须忽略那些华而不实的事物和干扰，摒弃那些不属于我们自己的故事，以便记得自己是谁。当人们跟我谈论辞职时，他们最大的一个担忧是如何谋生。这当然很重要，但是回顾自己曾经的热爱，从中获得灵感，就会走上更有趣的道路。那种追求新生活的动力，能指引我们走向不同的方向，明确自己该投入的工作，推动着我们在真正喜欢的生活道路上迈出重要的一步。

人人皆有创造力

> 你必须直面这样一个真相：艺术（写作、吸引力、领导力，所有的一切）之所以有价值，恰恰是因为我无法告诉你如何去实现它。如果存在一张路线图，那就没有艺术可言，因为艺术就像没有地图导航的航行。难道你不讨厌这一点吗？我倒是喜欢这种没有一定之规的感觉。
>
> ——塞思·戈丁（SETH GODIN）

人们总是说自己没有创造力。如果你跟我这样说，我是不相信的。我只会认为你被愚弄了。我们已经失去了基本的人类创造力，自欺欺人地认为，只有使用特定工具的人，或广告从业者，或其他艺术领域的人才具有创造力。

这纯属无稽之谈。

我们都是有创造力的。在任何机构的官僚体系中行走，都需要特定的创造力。弄清楚表情符号表达的是哪种情绪，需要创造力；育儿可能是最富有创造力的人类活动之一；学习如何使用技术，需要创造力；举办晚宴或与朋友一起组织旅行也是如此，更不用说筹划一场婚礼了。如果你认为策划现代婚礼不需要创造力，那我对你简直无话可说了。摆脱对创造力传统观念的依赖，你会发现创造力无处不在。

许多人很难依靠创意事业谋生，是因为他们仍然在遵循"默认

第九章 人生真正的工作

路径"的逻辑。在"默认路径"上，你必须先找到工作才能开始工作。在"无路之路"上，你只需要先上手把工作做起来，然后再决定是否要继续。例如，我从事在线写作许多年，后来，有人问我是否打算写一本书时，我决定提高赌注，迈出下一步。我本可以轻易地说，我出版不了，所以不去麻烦，但我知道，我有能力写出值得阅读的东西。仅仅二十年前，我是无法获得广泛受众的。史蒂芬·金（Stephen King）就是一个例子，他的第一本书，是在遭到三十家出版商拒绝后，才得以出版的。在金之前，还不知道有多少写出了杰作的伟大作家被拒之门外，想到这一点，我就感到痛心。

我们往往认为，创造力是一种与生俱来的能力，就像某些人可能具有跑得快的遗传优势一样。相反，我认为，创造力更多的是一种主动的选择。随着互联网的发展，个人有了更大的自由和机会去表达自己的创造力。当前，人类可能首次需要投入更多的精力来抑制自己的创造性表达，而不是去探索和释放它。

然而，仍然存在一个难题，就是，从何处着手开始表达创造力。这就是人们陷入困境的地方。他们脑海中的声音问："人们会怎样评价我？"

这种情况合情合理。向全世界分享自己的作品，我们需要鼓起勇气，如果你长时间这样做，批评是不可避免的。然而，起初，大多数人遇到的挑战是：根本没有任何观众。这可能是件好事，因为它使你能够在不断地尝试中逐渐建立起自信。

一个更深层次的担忧是，在创作领域中，存在着一种筛选机制，认为只有具备特定品位、资格或地位的人才能够获得观众的认可和支持。这种机制会排斥那些不符合特定标准的人，使得他们很难获得观众的注意和认可。虽然这种情况正在慢慢消退，但你仍然可以在主流媒体中看到这种情绪在弥漫。例如，2019年《纽约时报》发表的一篇题为"我们已经达到了播客的顶峰吗？"的文章，谈到"……播客频繁发布……已经产生了一定程度的文化疲劳。我们不会厌倦有趣的节目；但确实厌倦了一种现象，即：每个朋友、亲戚和同事都认为，只需用iPhone录制一段音频，就能创作出下一个像 *Serial* 那样成功的节目（*Serial* 是美国广播公司制作的一档真实犯罪故事播客节目）"。

这透露了一个明确的信息：播客是给具有合格资质的专业人士设置的，如果你没有这些资质，请不要考虑加入。

《纽约时报》的这篇文章有力地论证了通过创作来赚钱的难度。然而，文章忽视了创作的其他动机。有些人创作，是因为他们对某个主题感兴趣，想要学习和探索，或者是为了与他人建立联系，感受生活的活力。这种创作动机，并不一定是为了超越他人或赚取报酬，而是基于个人的内在需求和愿望。

创造性产出是"无路之路"的能量源泉。尽管写作并没有让我变得富有或出名，但通过写作，我结交了很多志趣相投的人，保持了昂扬的状态。写作于我而言，至关重要。在成长的过程中，我不认为自己是一个有创造力的人。我也不认为自己有权利向世界分享自己的想法。但幸运的是，我不再相信那些谎言，开始认识到，人们的创作和分享，是有着更深层次和更重要的原因的。这就引出了一个重要的问题……

第九章 人生真正的工作

◆ 为谁服务

在最初几年的在线写作中，我受到了一些批评性评论的影响。这些读者认为，我对"默认路径"的批评太过严厉。他们的不赞成意见深深留在了我的脑海中，我的写作变得过于保守。但最终，我意识到，我并不是为他们而写作。我是为像我一样的人写作：那些在"默认路径"上挣扎的人，梦想更大成就的人。当我专注于这些读者时，我的写作得到了改善，我也赢得了更广泛的读者群。

我一开始并没有立刻明白，为什么转变关注点后，会有这样的积极变化，但后来，当听到塞斯·戈丁讲述他朋友大卫·张（David Chang）的故事时，我明白了其中的道理。张先生是福桃餐饮集团（Momofuku Restaurant Group）的老板。他开设第一家餐厅时，戈丁前去用餐，点了一道热门菜品的素食版。后来，戈丁又多次光顾餐厅，很喜欢这道菜，直到有一天，张先生告诉他："我们只供应原本的版本。"不能再享用这道菜的素食版，戈丁感到难过，但同时，也为自己的朋友感到高兴。原因是什么呢？戈丁知道一个秘密：一旦你确定了要为谁服务，你就可以全力以赴，专注于这个方向，做到极致。

"默认路径"的思维认为，我们必须服务于大众市场。在工业化和"越大越好"的思维模式下，人们普遍认为，每个人都在争夺大众市场。在数字世界中，人们很容易认为，大众市场是争夺相同受众和注意力的唯一竞争场所。我自己的播客和 NPR 的节目《这是美国人的生活》（*This American Life*）虽然可能在同一个播客应用程序中出现，但我所做的是完全不同的。我是一个独立的采访者、编辑、平面设计师和传播者，成本很低，每年的花费不到 100 美元。而 NPR 仅在该节目上就有超过 25 人参与制作。我们有不同的目标、不同的受众和存在的理由。在数字时代，创作者不应该局限于"大众市场"的思维，而应该认识到，市场是多样化的，不同的创作者可以服务于不同的受众，并且有不同的存在价值。

找出你想为谁服务是"无路之路"的重要元素。在"默认路径"上，你的工作通常会带来认可和赞扬。当你独自一人时，没有特定的工作或同事，你可能会缺少那种支持。这就是为什么找到合作伙伴和服务的对象是如此重要，找到合适的人，那些可能会在旅途中提供支持和鼓励的人，可以对你的信心和勇气产生巨大的影响，推动你继续前进。

在我的旅程中，我受益于这种善意的支持，尤其是早期来自我亲朋好友的力挺。感谢我的姑妈黛比（Debbie），感谢我的朋友诺埃尔（Noel）、卡姆（Cam）、乔丹（Jordan），还有其他人的支持。泰勒·考温（Tyler Cowen）认为，"用你的时间和生命做得最有价值的事情的关键点之一" 就是相信别人。作为这种鼓励的受益者，我给自己制定了一个规则：每当我从某个人的作品那里得到启发时，我都会给对方发送一条消息告诉他。公开创作和分享需要巨大的勇气，我记得自己在开启这项事业时是多么尴尬和害怕。指出别人哪里做错了是很容易的事，但主动向别人表达你的欣赏却很难，很少有人主动说"我真的很欣赏你做的事情。希望你能继续坚持，如果需要帮助，随时告诉我"。

第九章 人生真正的工作

在创作、分享和连接人们的过程中，我发现了一种隐藏的动机，这种动机对其他人来说是不可见的。在"默认路径"上，晋升、工作变动和加薪是成功的明显标志。然而，我的成功证据是隐藏的，当我收到受众的反馈邮件时，当我与那些受到我作品启发的人交谈的时候，我感到自己成功了。缺乏一种方式来"证明"自己成功，这让我感到委屈。然而，主动联系我的人已经成为我的朋友、支持者和灵感来源，这种回报，远远超过了我以前路径上的任何可见的成功指标。

这些人就是我决定服务的对象，他们的认可和友谊是我在"无路之路"上前行的动力和价值所在。

◆ 重要的不是如何开始，而是要开始

> 创造力，本质上是一种大胆和叛逆的行为。
>
> ——罗伯特·格林（ROBERT GREENE）

也许我已经说服了你，让你相信自己是有创造力的，而且不去理会那些妨碍你创作的声音。然而，你仍然有一些顾虑，特别是当你想到要在线分享时，你问自己："互联网不就是充满了骗子或追求关注的人吗？"

那些为了吸引注意力而不择手段的帖子让你感到不安，这表明，你在乎创作对他人的影响，而那些发布这些内容的人并不关心这些。这是一个"好迹象"，因为它说明你是一个有原则、有同情心的创

作者,这是值得鼓励和保持的品质。因此,我要鼓励你向世界分享自己的创造。因为你跟他们不同,你关心他人,以诚信的准则行事。你乐于助人、善于倾听,与志趣相投的人建立联系。这并不意味着你需要建立受众群体或商业模式,但如果敢于向他人分享你的写作、绘画、舞蹈、手工艺品或其他创造性行为,可能会发生什么呢?你可能会结识什么样的朋友?你可能会追求什么机会?你可能会加入什么社群?

通过在线创作和分享,或建立在线业务谋生的积极一面,常常被"默认路径"的逻辑所掩盖,在这种逻辑中,最值得追求的是全职工作。让我们对比以下两种人:富国银行(Wells Fargo)的中级金融分析师和通过社交媒体平台 Instagram 打造瑜伽业务的某人。你对这两个人的真实反应是什么?正如我自谋职业前的样子,你可能会对那些通过社交媒体平台来建立影响力和谋生的人颇有微词。而现在,我的态度已经有所软化。我意识到,那些瑜伽网红把他们的整个声誉置于风险之中,成败就取决于他们的决策能力。随着这种工作方式变得越来越普遍,社会规范将发生转变,我们会质疑,为什么我们对企业家的不信任程度要甚于对富国银行的员工?实际上,富国银行在过去 20 年里,因欺诈、滥用抵押贷款和侵犯投资者权益被曝光 200 多次。

让我们回顾本·亨特的论点,即这些传统全职路径的存留,更多的是基于产业偏好,而非实际的产业需求。如果我们继续将想象力锚定在工作的"默认路径"故事上,我们会继续忽视生活中可能的路径。

第九章 人生真正的工作

即使你确定地认为,向世界分享你的作品是有价值的,你也几乎不可能克服会尴尬的感觉。那么,记住"愚者无畏"的精神可能会有所帮助,同时想想,世界各地有很多人可能正在等待你分享的内容。

我的公开写作之旅始于一个名为 Quora(译者注:类似国内知乎)的应用程序,在那里,我回答用户提出的各种主题的问题。多年来,我只是随意回答一些问题,大多数是我非常了解的话题。当我开始更多地享受写作时,我给自己设定了一个挑战,每个工作日开始时,回答至少一个问题。我扩大了写作的话题范围,最终分享了一篇先前与疾病作斗争的长篇反思。这是我有史以来公开分享的最坦诚的作品。它在我电脑上的一个文档里已经待了两年多。我一直不敢分享它,认为没有人想读,人们可能会因此而取笑我。但这篇帖子收获了 50 万阅读量,而且,我收到了无数表达感谢的信息和评论:

多么鼓舞人心的故事。写本书吧!非常感谢您的分享,这真是一次丰富的阅读体验。

这是我最近一段时间读过的最令人惊叹和深思的答案之一。感谢您分享的勇气,并祝您一切顺利。

我想说,这是一个出色的答复/帖子,感谢您的书写。

虽然我不是病人,但我确实需要了解这样的经历。太棒了!祝您事业顺利。我希望能亲自遇到更多像您这样的人!

真正的英雄是那些直面非同寻常的挑战,却从未放弃、

无路之路

坚持生存的寻常人。这就是你，保罗。祝福你，我的朋友。

当我读到这些评论时，我意识到，世界各地的人们都从创造和分享中看到了勇气，而这些人就是我现在写作的对象。

这个群体是多元化的。我探索了更广泛的主题，如自雇、自由职业、我们与工作的关系，以及在线业务的建立，在这个过程中，我遇到了形形色色的人，年龄跨度从13岁到75岁不等，来自不同的国家：美国、新西兰、巴基斯坦和中国。世界上越来越多的人在利用互联网所创造的机会，他们也在寻找与他们相似的人。从来没有一个时代能像现在这样，人们能够如此便捷地以积极的方式与他人建立联系。

所以，也许我已经说服了你，分享是值得一做的，但是，如果你不想启动社交媒体品牌，开始在线写作，或出版一本书，那也没关系。你可以从小处做起，或者，在你当地的社区做一些事情。在你的城市或城镇举办一场晚宴，成立一个读书俱乐部，向几个亲近的朋友分享你写的诗歌或文章，甚至参加一个当地的艺术课程。重要的不是你如何开始，而是你要开始。一旦人们进入这种新的创造性模式，就会意识到，他们一生中大部分时间都在抑制自己的某一部分。在内心深处，我们都渴望以创造性的方式与世界互动，别担心，我会一直在这里为你加油助威。

第九章 人生真正的工作

◆ 彻底摆脱愤世嫉俗

玛丽亚·波波娃(Maria Popova)是热门网站"边缘人"(The Marginalian)的撰稿人,她的日常生活就是阅读古书和散文。她热衷于在这些文本中寻找思想、美感和智慧,然后将它们与自己独特的世界观联系起来。

在一档名为"存在"(On Being)的播客访谈节目中,她与克里斯塔·蒂佩特(Krista Tippett)讨论了批判性思维和希望之间的联系。她的看法帮助我转变了我想要与世界互动的方式。她提出:"没有正向期待的批判性思维就会变成愤世嫉俗的态度。但是,没有批判性思维的正向期待就会变成天真幼稚。"我按下播放器的倒带按钮,反复重听了好几次。我知道,她是在跟我对话。

我开启写作之路的动力来自挫折。我发现,大家对工作和生活的思考方式普遍存在问题,我想让每个人都像我一样,能看到存在的问题。我想追求正确。我的文章虽然很有说服力,却并不鼓舞人心。

这就是没有正向期待的批判性思维。

在我的旅程中,渴望与他人一起进行智力探索是一个重要主题。然而,直到我将正向期待融入批判性思维中,并拥抱更广阔的世界观之后,我才吸引到我想要邀请进入对话的那种人。在中国台湾的最初几个月里,我读了威廉·辛瑟(William Zinsser)的一本关于写作的书。他促使我"相信自己的身份和观点。写作是一种自我表达,你不妨承认这一点。利用它的能量继续前行"。

就在那一刻,我不再犹豫不决。我不再害怕别人会怎么想,但我也放下了我的愤世嫉俗。读完辛瑟的书后，我将心血倾注到写作中，输出我的观点。这是摆脱愤世嫉俗的方法。我变得更加乐观，不是因为我的写作水平提高了，或者是观点更正确了，而是因为，我不再隐藏真实的自我。我以真诚和好奇心为先导、毫不掩饰地展示脆弱和激情，这立刻吸引到了我想要结识的那些人。

在20世纪初，教授兼作家伯特兰·罗素（Bertrand Russell）指出："任何访问西方大学的人，都会震惊于一个事实：当今聪明的年轻人比以往任何时候都要愤世嫉俗得多。"

他认为，当权威和领导者的很多言论都与事实不符时，在充满矛盾和不真实的世界中，是有必要形成愤世嫉俗的立场的。要治愈这种愤世嫉俗，就只需要"知识分子找到能够发挥他们创造力的职业"。这样，他们才能实现自我价值，从而摆脱愤世嫉俗的心态。

这在"无路之路"是可以实现的。你可以在工作和生活中进行实验，直到不经意间进入一个良性循环，帮助你继续朝积极的方向发展。通过良性循环，我指的是能够从事你喜欢的工作，这自然会为你带来机会，还能让你遇到那些能够帮助改善你生活的人。

创造良性循环的最大挑战，也是"无路之路"最危险的失败模式之一，就是愤世嫉俗的态度。许多人之所以离开"默认路径"，是因为他们变得愤世嫉俗，而且渴望逃避。但逃避只是放弃某条特定路径的第一步。为了踏上一条可持续的征途，我们必须寻找一种与世界相处的方式，这种方式能够容纳希望的存在。

在踏上写作旅程之初，我总想证明别人是错误的，而我生活的方式是美好而正确的。我的笔触充满了愤世嫉俗，因为我无法清晰表达

第九章　人生真正的工作

为何如此坚持某些观念，我更多地依赖于冰冷的事实，而非内心深处的情感和灵感。而当我鼓起勇气敞开心扉时，我获得了更多的支持，这不仅引领我走向了更好的道路，也指向了一个更加激动人心的未来。

第十章

长远布局的人生游戏

　　如何通过从你不想成为的人开始逆向思考，学会重塑自我，拥抱富足，创造自己的文化，发展自己的原则，焕发生命活力，来维持这段旅程，最终实现个体的人生自由与价值。

>>>> **无路之路**

当我辞去《纽约时报》的工作,成为一名全职妈妈时,全世界都说我疯了。当我再次辞去《纽约时报》的工作,全职写小说时,他们又说我疯了。但我并没有疯。我很快乐。我按照自己的标准取得了成功。如果成功不符合个人的理想,只是世人眼中的光鲜亮丽,而不是个人内心的充盈,那就不是真正的成功。

——安娜·昆德伦(ANNA QUINDLEN)

◆ 逆向思考:你不想成为的人

"无路之路"鼓励个体自由选择,探索多样化的可能性,如:从事某种工作、践行某种生活方式、开发创意项目,或者,与世界进行"对话"。那么,问题来了,面对如此宽广的选择范围,如何找到自己的目标和方向呢?

第十章　长远布局的人生游戏

在"默认路径"上，可以选择的工作类型和生活方式都是有限的，这大大缓解了选择困难症。我从未意识到，只考虑现有的路径或工作，想象力是多么的受限。拥抱"无路之路"后，生活向无限可能性敞开了大门，这既令人兴奋又令人不知所措。我经常觉得，我需要多个人生来真正测试和探索我的选择。

与其无止境地摸索，不如另辟蹊径：逆向思考。换言之，与其考虑想要做什么和想要过怎样的生活，不如反其道而行之，首先考虑不想做的事情和失败的样子。通过审视生活中可能出现的问题，可以避免明显的陷阱，从而为积极发展创造更多的机会和空间。

这种思考方式，运用到的思维模型叫作反转原则，是德国数学家卡尔·雅可比（Carl Jacobi）发现并推广的。他鼓励他的学生，要"反转，永远反转"，通过反转问题来获得新的视角。这个原则也可以应用到我们的生活中。想象一下，我们不是直接探询如何塑造一个辉煌的人生，而是先勾勒出最黯淡的生活轮廓，然后逆流而上。一个充满痛苦的生活，究竟包含哪些元素？哪些行为更可能让人陷入这样的境地？随后，我们便能洞察如何避免这些悲剧的发生，从而在逆光中寻找到通往光明的道路。

在"默认路径"上前行的日子里，我常常想象着未来的自己，那个我不愿成为的人：一个五十多岁、体态发福的男子，勉强忍受着周围的人际环境，对自己的工作深恶痛绝，终日困在没有窗户的狭小隔间里，郁郁寡欢。如果你当时认识我，你会认为我永远不会变成那个样子。然而，当我最终辞去那份工作时，我发现，自己比起以往更接近那个我不愿成为的人。

无路之路

这让我意识到,如果不改变,我将不可避免地走向那个我深恶痛绝的未来。

在"无路之路"上,我更加认真地进行这个练习。现在,我与小隔间里那个脾气暴躁的家伙相去更远,但是我仍然要防患于未然,避开他身上的某些特质。对于未来十年不想成为的人,我做了以下简要的描述:

> 保罗仍然致力于"无路之路",这引来他人的质疑。他有几个孩子,但几乎难以维持生计,对此,他感到羞愧。他每年有几个月没有收入,几乎始终"对自己的财务状况感到不安"。他太固执,不肯接受全职工作。他不愿意承认自己的选择失误,却在推特上愤怒抨击那些从事传统工作的人。他总感身体欠佳,精力不济,有时甚至卧床数周。这些使他的处境变得复杂难料。

设想一下,负面版本的我将是:一个财务不稳定、收入不可测、愤世嫉俗且固执己见的人。变成"消极的我",只需以下行为:与消极和愤世嫉俗的人为伍,而不是寻求良师益友,不愿接受各种有偿工作(包括全职工作),沉迷于分裂的媒体和政治,勉强做自己不喜欢的事,不能坦诚面对自己的真实需求。逆向思考,有助于识别前方的陷阱,让人生旅程保持活力。

我鼓励每个人都描述一下不想成为的人的样子,然后集思广益,讨论一下哪些行为会导致这种结果。这个练习可能让人感到不舒服,

第十章 长远布局的人生游戏

因为，毫无疑问，在当前的生活中，就能看到你不想成为的那个人的痕迹。而这些痕迹，却为你即刻做出的变革提供了线索。

除了识别我们不想成为的人，我们还应该尽力分辨，哪些工作和生活方式会给我们的道路带来不必要的风险。在我最初的旅程中，我发现，仅仅依靠自由职业的收入，以及只有一种收入来源，都会构成致命的风险。这给了我寻求多种盈利渠道的动力，即使牺牲短期收入，也在所不惜。

我无意中在运用纳西姆·塔勒布（Nassim Taleb）教授提出的"反脆弱性"（antifragility）原则。反脆弱性是一种被广泛研究的自然现象，其表现为，事物在经历混乱和无序时，反而变得更强大。例如，城市就是具有反脆弱性的。尽管城市中个别企业可能在某一年份经营失败，但从长远来看，城市仍然能够繁荣发展，这得益于新居民、新建筑和新企业的加入。

就像一个拥有众多产业的城市，我希望通过收入来源的多元化来降低经济风险，在收入变化、经济波动和我所依赖的各种平台规则变化面前保持韧性。因此，除了自由职业工作外，我还建立了多种收入渠道，这些渠道不需要我投入大量时间，并且针对不同的受众群体。在采取这种策略后的前两年，我的总收入大幅下降。然而，几年后，我现在有八到十种不同的赚钱方式，每个月都能稳定赚取至少两百美元。虽然任何一种收入来源消失的风险都很高，但它们同时全部消失的可能性却很低。这种多元化的收入结构，即使部分收入来源受到影响，也不会对我的整体财务状况造成毁灭性的打击。

在我旅程的早期，我意识到，我的全部目标是无限期地坚守"无路之路"。这就是作家詹姆斯·卡塞所说的"无限游戏":"有限游戏是为了在游戏中获胜,而无限游戏是为了让游戏继续进行下去。"通过逆向思考,我意识到,我面临的最大风险是,将时间花在了削弱士气和活力的事情上,显然,还有资金耗尽的风险。这就是为什么我花费了大量时间专注于创造成功所需的条件和降低失败的风险,而不是单纯地追求某个具体的成功目标。

几乎每个坚守"无路之路"的人,最终都会采用类似的方法。因为,在这条道路上停留的时间越长,能够长期坚持下去的几率就越高。人们逐渐意识到,挑战并不在于找到工作来支付账单,而是要有时间继续冒险,探索机会,找到值得长期投入的事业。

◆ 一旦拥有了自由,如何正确利用自由

> 在领薪水者的世界里,曾经有一句格言:着装要符合你想要的工作,而不是你现在拥有的工作。在自由职业者的世界里,相对应的观念是:学会利用可能获得的各种自由,而不仅仅是已经拥有的自由。这句话,鼓励人们不要局限于现状,而是要有前瞻性,积极地为未来的可能性做准备。
>
> ——文卡特什·拉奥(VENKATESH RAO)

如果减少工作时间,或构建一个不以工作为中心的生活,人们会有两大担忧,一个是金钱,另一个就是如何打发时间。在"默认路径"上,我们可能没有意识到,仅仅是按部就班地坚守这条路径,

第十章　长远布局的人生游戏

就需要消耗多少精力。因此，我们很容易将在工作之外精力不足的状况，误解为对其他事物缺乏兴趣。结果，当我们不再"工作"时，我们不知道该做点什么。

一旦拥有自由，该做些什么？这个问题深深吸引了作家埃里希·弗洛姆（Erich Fromm）。在他的著作《逃避自由》（*Escape from Freedom*）中，他探讨了 20 世纪 30 年代的人们如何适应新获得的自由的问题。

在当时，宗教权威的控制减弱，工作时间缩短，经济日益繁荣，所有这些，为人们的生活提供了新的选择，人们体验到了更大的自由。许多人认为，第一次世界大战的结束，标志着争取自由的斗争已经结束，剩下的唯一问题就是，如何利用这些自由。

不同人群对于摆脱严格的规则束缚的反应是不同的，受过良好教育的精英和企业主对此感到兴奋，而另外一些人却感到沮丧。弗罗姆注意到，许多人感到"孤立、无力，成为外在目的所操纵的工具，失去了自主性和控制感，疏离于自己和他人"。对于希特勒（Hitler）这样的政治领导人来说，这是个好消息。他们通过讲故事，帮助人们理解生活，来操控和影响大众，从而增强政治掌控力。

为什么这么多人愿意牺牲他们新获得的部分自由，加入这些威权主义运动？弗洛姆认为，原因在于，存在两种不同类型的自由。第一种是消极自由，也即"免于"外部控制的自由。第二种是积极自由，其表现是：以真实的自我"自由地"与世界互动。弗洛姆所说的"自由"的积极版本远不止是表现为行动的自由。他将其描述为"个体潜力的充分实现，以及积极而自发地生活的能力"。弗洛姆认为，那些从压迫中解放出来，却无法行使积极的"自由"的人，注定会充满孤立感和焦虑。

　　为了压抑这些感受，人们情愿做出很多妥协。纳粹主义在 20 世纪 30 年代为大众提供的故事，诱导人们放弃了"自由选择"的权利，不再自己做出决定，而是将决策权交给专制领导人，后者向他们提供了生活方式的脚本。弗洛姆于二战初期开始从事写作，他认为，即使在当时，这也是一个可怕的错误："因为，我们刚从旧的显性威权形式中解放出来，却未意识到已成为新型的隐性威权的猎物。"放弃自我决定和自我负责的生活方式，可能会导致严重的后果，因为，它可能导致人们失去对自己生活的控制权，进而成为新威权力量的受害者。

　　在过去的一百年里，人们与生活的互动方式变得极其多样化，超出了人们的想象。现在，不仅政治领导人提供与世界互动的叙事，而且雇主、公司、媒体机构和其他机构也在这样做。每个人都为你提供了生活指南和获得自由的路线图。你只须购买他们的产品，接受他们的故事，或者加入他们的公司，无须发挥自己的能动性，相关的机构就会让你成为他们内部群体的一部分。人们就是这样被各种外部力量和机构塑造和引导，在不知不觉中放弃了自己的独立思考和选择，转而遵循这些预设的路径。在二战后的著作中，弗洛姆展示了一个令人惊讶的事实，即，在西方社会中尤为明显。

　　弗洛姆认为，遵循预设路径的问题在于，它导致了一种过于僵化、例行公事和可预测的生活，削弱了个体展现自发性和积极参与的空间，而这种自发性和积极参与，可能有助于个体在更深层次上发现

第十章 长远布局的人生游戏

重要的事物。大卫·福斯特·华莱士（David Foster Wallace）的观点，也许最有力地捍卫了文理通识教育的传统：

> 我认为，文理教育真正的、实实在在的价值应该是：预防人们在舒适、富足、体面的成年生活中变得麻木不仁，引导人们摆脱对自己思维和天性的奴役，克服日复一日的独特的、彻底的、孤家寡人般的孤独感。

华莱士指出，人们往往会选择随大流，做大多数人所做的事情，这是生活的常态。然而，如果我们想要探索不同的生活方式，例如追求个人独特的道路，那么这需要付出努力。

弗洛姆在二战后的几十年中，通过写作继续探索"自由"这一主题。在他的著作《爱的艺术》（The art of loving）中，他认为，积极自由的根源是与世界的深刻联系，而实现这种状态的途径是通过"创造性活动"。他列举了实例："无论是木匠制作桌子，金匠制作珠宝，农夫种植玉米，还是画家绘画，在所有类型的创造性工作中，创造者与他的作品合二为一，人在创造过程中与世界融为一体。"正如他所说，如今，我们被推向一个高度商品化的世界，"个人品质和努力都被视为商品，可以用来换取金钱、声望和权力"，而投身于创造性事业，可以让我们在行为本身中找到价值。

我已经为你的创造性事业找到了理由，让你找到一种方式来创新，无论是公开还是私下进行。弗洛姆提出了另一个更深层次的原因。除了从事具有挑战性的活动，通过"寻找志同道合者"，或者发现自己喜欢的新型工作,你也可以找到一种新的生活模式,让你更深入地与世界和自己建立联系。在这种情况下,创造性活动是世界上最神圣的事物之一,应当被认真对待,而不是只关注其预期的结果。

离职之前,我一直在探索自己的创造力,但并未感受到弗罗姆所描述的更深层次的联系。我确信,逃离全职工作是我必须做的最重要的事情。然而,在摆脱了传统就业的"束缚"之后,我意识到,积极自由的发展前景是如此广阔且充满挑战。

一旦我们拥有了自由,如何正确利用自由,就成为追求"无路之路"上最大的挑战之一。作家西蒙·萨里斯(Simon Sarris)认为,我们只能通过增强主动性,或者增强谨慎行动的能力来解决这个问题。他指出,"世界的秘密在于它是一个可塑性很强的地方,我们必须确保人们认识到这一点,永远不要忘记这个顺序:学习天然地是行动的结果"。换句话说,只有通过行动,我们才能学习;只有通过学习,我们才能发现自己想要的东西。如果缺乏这种行为和学习的过程,我们将很难充分利用"无路之路"所提供的自由。最终,决定我们命运的是我们自己,如果不表现出主动性,我们就很难获得自由。

在历史的长河中,探索生活可能性的自由是一个相对较新的现象。尽管自由这一概念受到了极大的关注,但在个体层面上,对它的表达仍然相对较少。在个人实际生活中,这种自由的实践和体现并不普遍,个体在日常生活中真正行使这种自由的程度有限。"默认路径"赋予了我们赚钱和随意消费的自由,让我们能够在不同的领域工作,并对我们的生活有一定的控制权,但这也使许多人陷入

第十章　长远布局的人生游戏

了一种伪自由的状态，在这种状态下，人们虽然摆脱了绝对的压迫，却没有足够的自由去行使高度的主动权。

走上"无路之路"，意味着有意识地去追求积极版本的自由。让我们重新审视弗洛姆对积极自由的定义："个体潜能的充分实现，以及积极主动和自发地生活的能力。"从中可以看出，培养自己的主体意识至关重要。因此，如何安排你的时间，这是一个真正需要关注的问题。

关于这一点，多莉·帕顿（Dolly Parton）的建议是最好的，没有之一，她说："找出你是谁，并有意识地成为你发现的那个自己。"

❖ 重塑自己，适应不断变化的世界

想象一下，现在是 1980 年。你 22 岁，刚刚大学毕业。你在全球最大的公司之一——通用汽车公司——找到了一份工作。入职第一天，你走进办公室，看到一张平整的金属桌子，上面放着一台电子打字机、一个转盘电话，还有一个实体收件箱，带两个插槽，一个用于接收备忘录，另一个用于发出文件。

接下来的 20 年里，你在通用汽车公司工作，获得过几次晋升。当计算机被引入时，你自告奋勇，积极成为最早的使用者，并尽力跟上最新技术。尽管如此，在 2001 年的经济衰退中，你还是被裁员。接下来的十年里，你在不同的汽车零部件供应商之间跳槽。2010 年，你加入了一家制造无人驾驶汽车的初创公司，你正是他们要寻找的相关行业的人。你在工作中感到有些力不从心，但还是挑战自己的

极限，设法完成了工作。2015 年，你的职业生涯走了一个轮回，你重新加入了之前工作过的通用汽车公司，帮助之前的经理开发了一条新的产品线。

2020 年，你所在的整个团队开始远程工作。你学会了使用 Zoom 和 Slack，在电脑和手机上都能够熟练操作这些工具。令你感到震惊的是，年轻的团队成员如此迅速地适应了这种新的工作方式。尽管你能迎头赶上，但你发现，这一切都让人筋疲力尽。你感觉到，或许是时候收手了，于是决定在 2020 年底退休。

这里有一个问题：你认为，接下来的 40 年会发生更多变化，还是更少变化？

当我们思考未来时，我们往往低估了事物会发生多大变化，尤其会低估我们自己的变化。这种对未来发展预期的认知偏差，被研究人员称为"历史终结错觉"。各个年龄段的人都表示，他们过去经历了深刻的变化，但当他们预测未来时，他们不认为这种趋势会持续下去。人们认为"个人变化的速度已经放缓到了极点，自己目前的状态可以一直延续到未来。目前就可以一眼望见自己未来的状态"。

了解到这一点，我们可以做些什么呢？对我而言，这让我更加热衷于拥抱"无路之路"。如果未来我经历的变化，比预想的还要多，那么，我不妨尝试去塑造这些变化。这是一种与许多人应对变化的方式不同的选择：他们通常是否认、推迟或拒绝变化。随着年龄的增长，我们的思维确实会变得更加僵化，日常生活中的微小挑战可能会成为地雷，威胁着要炸毁我们的整周计划，而那些建议我们尝

第十章 长远布局的人生游戏

试新生活方式的意见则会被视作敌对行为。

移居海外，经营自己的事业，短短几年内，旅居 20 多个地方，这些经历增强了我对变化的适应力，也让我意识到自己思维趋于僵化的倾向。我更加主动地拥抱变化，但如果说，我对环境、日程表和工作的每一次新变化都感到兴奋，那就是在说谎了。尽管如此，我也已经看到，重塑自我是最有价值的元技能之一，值得去培养，而在经历了这些变化和尝试之后，我变得比之前更加放松和自信。

教授兼作家尤瓦尔·赫拉利（Yuval Harari）认为："为了迎头赶上未来 2050 年的世界，你不仅需要发明新的想法和产品，最重要的是，你需要一次又一次地重塑自己。"

没有比在其他国家生活更能帮助我提高这项技能了。人们经常问我，如何为海外生活做准备。我的回答是，无法准备，当离开熟悉的地方时，你必然会面临挑战。我在国外经历了各种可怕的意外：去到意大利的另一端时，忘记带护照；在中国台湾被流浪狗咬伤；在墨西哥感染寄生虫。我不鼓励你去寻求这些经历，但这确实引发了一个问题：如果挑战和困难能够带来更多的成长和自信，那么舒适对人的益处是否被过分高估了？舒适并不总是最有益的生活状态，而有时候，挑战和困难反而能够带来更多的成长和发展。

随着越来越多的人开辟新的道路，进入新的环境、社区和在线世界，许多人将被迫走出舒适区。这种情况发生得越早越好，因为，那种在小型的、本地的和熟悉的社区中度过一生的时代已经结束了。

无论我们是否愿意，我们都必须不断地重新塑造自己。

◆ 拥抱富足感

我的表亲有一句格言，我一直铭记在心："我们死后一切都会平衡。"这看似是一种宿命论，实际上是在引导我们培养慷慨的心态，这种心态超越了对等的物质交换。在当今世界，金钱和时间成本成为决策的重要依据，过滤着我们的选择和行为。由此，培养慷慨的精神和丰盈的心态，变得越来越具有挑战性。

我们与时间和经济的关系，经历了一个缓慢但持续的转变，这种改变影响了我们对世界的看法。在17世纪之前，时钟并不普及，人们鲜少以现在我们理解的方式去思考时间。英国历史学家E.P.汤普森指出，那时，人们习惯于根据活动来衡量时间。例如，在马达加斯加，半小时被形象地称为"煮饭的时间"，而短暂的一刻则是"炒蝗虫的时间"。随着时钟的普及，人们开始越来越多地将时间与金钱联系在一起。汤普森强调："时间如今成为了一种货币，时间不是流逝，而是被消费。"

今天，我们思考如何"消费"时间，衡量时间是否花费得"物有所值"，考虑是否得到或给予了价值，还要计算行为的"成本"。将时间等同于金钱，我们就可以像处理金钱那样处理时间，我们可以权衡、计算时间，协调全球性会议的时间，但这也降低了我们的富足感。这种转变与经济的惊人进步同时发生，经济的发展，让我们能够在全球范围内实现任何愿望，但同时也削弱了我们自身的安全感。20世纪70年代，从学者转行成为农民的温德尔·贝里（Wendell Berry）写道，经济成功的隐含成本是：剥夺了人们"独立获取生活

第十章　长远布局的人生游戏

必需品的能力，必需品包括衣物、住所、食物，甚至水"。

曾经被视为宝贵财富的自力更生精神，现在已经被明码标价地物质化了。

若要保持"无路之旅"的活力，关键是要摆脱这种强调金钱交易的思维模式。在过去几年里，我将慷慨视为需要练习的技能，而不仅仅是一种性格特质。练习这项技能，让我接触到生活隐藏的一面，其中不仅充满富足感，还充满了有意义的连接。

当我读到查尔斯·艾森斯坦（Charles Eisenstein）的《神圣经济学》（*Sacred Economics*）这本书时，我意识到这项技能值得练习。在书中，他引入了"赠予经济"（gift economy）的概念，他认为，这一概念与人类同在已久。他将其与默认经济思维进行了比较：

> 在当前以货币为基础的经济体系中，人们普遍认为资源是有限的，一个人得到的多，另一个人就必然得到的少。然而，在"赠予经济"中，情况恰恰相反，你得到的更多，则我也能得到更多，因为那些拥有的人，会给予那些需要的人。在"赠予经济"中，"给予"不仅是物质的交换，更是社会关系和精神层面的连接，它强化了人们参与到比自我更伟大的事物中的神秘体验，这种体验虽然超越了个体，却又与个体不可分割。这种经济观念的转变意味着，自我利益的公理发生了变化，因为自我已经扩展到包括他者的某些部分。

无路之路

我们大多数人在家庭中都经历过这种赠予。作为孩子，我们很少被要求在经济领域有所付出。

即使我们长大成人，父母也不会一丝不苟地记录我们欠他们多少。同样，在亲密的朋友之间，通常会有一种不言自明的认识，即追求绝对公平从来不是目标。就像我的表兄弟，他认为，"我们死后，一切都会平衡"，我们看到了支持更深层次关系的智慧。

然而，在亲密关系之外实践"赠予经济"，可能会让人感到不舒服，"赠予经济"模式可能不适用于更广泛的社会和经济系统。如果我们尝试与经济活动中遇到的每个人都建立深刻、有意义的关系，那么整个经济活动将会停滞不前。这是因为建立和维护这种深度关系需要大量的时间和精力，这在快节奏、高效率的经济环境中是不现实的。而以上观点的对立面也是成立的。也就是说，如果完全依赖市场来满足我们所有的需求，包括情感和社交需求，最终我们会感到空虚。这是因为市场和经济交易通常是基于效率和利益的，而并不基于深层次的人际关系和情感联系。蒂姆·吴（Tim Wu）教授在他广为传阅的论文《便利的暴政》（*The Tyranny of Convenience*）里，提到了这一观点，他认为，便利性，"提供了一种顺畅、轻松的效率……威胁着要抹去那些赋予生活意义的斗争和挑战"。便利性成为决策的依据，甚至在不知不觉中奴役我们，令我们放弃其他可能的选择。

吴教授指出，便利性被许多人视为一种解放的形式。人们追求"财务自由"，即拥有足够的资金，不需要依赖工作就能维持生活。然而，当他们真正实现"财务自由"时，往往发现，自己仅仅是有能力支付所有费用而已，并没有获得真正全面的自由和解放。意识到这种

第十章 长远布局的人生游戏

经济思维的缺陷后，我受艾森斯坦和贝里等作家的启发，决定在自己的工作中尝试"赠予经济"。

根据艾森斯坦的著作，我提取了三项指导原则：

1. 寻找不期待任何回报的给予方式。
2. 愿意以任何形式和任何时间线接受馈赠。
3. 保持开放的心态，承认自己可能会犯错误，愿意根据需要进行调整。

怀着这些想法，我寻找机会实施我的奉献计划。在波士顿的一家咖啡馆，我跟一位陌生人交谈，我们是在沙发客（Couchsurfing）应用程序上认识的，谈话结束时，我即兴做出了一个决定：我要开始"赠予经济"的第一个实验。她告诉我，她的钱快用完了，过去一直靠在各地旅行时参与各种项目，以及依靠陌生人的善意来维持生计。分别时，我问她："你愿意接受我送你的现金礼物吗？"她有点震惊，但给出了肯定的回答。我通过一个支付应用程序给她发送了100美元，然后离开了。

当"赠予"的想法第一次在我的脑海中冒出来时，我内心的声音告诉我，这是一个糟糕的主意："如果她浪费了这笔钱怎么办？""这会不会让她懒得再去找一份工作？""她不配。"给出第一份馈赠的那一刻之前，我总是听从那些让我避开挑战的声音。然而，拥抱赠予的心态和实践慷慨，实际上是要面对这些挑战，而不是逃避。这就是练习慷慨的意义所在，它揭示了我们对世界运作方式的固有看法，并为我们打开了新的可能性。

几周后，我收到了她主动发来的信息。她告诉我，她用这笔钱加入了"Home-Away"网站,成为会员。这个网站的会员,可以通过在农场、餐馆和酒店等地工作(通常每天不超过 4～5 小时),来换取免费的食物和住宿。她找到了一个愿意接待她几个月的地方,她对此非常兴奋。

如今,大多数人都选择向正式的慈善机构捐款,而直接捐款给个人,则显得有些奇怪。许多慈善组织像企业一样运作,采用相同的营销策略。在线向慈善机构捐赠 100 美元,感觉正常和舒适,因为这种捐赠可以通过正规的渠道进行,经过一系列的程序和保障。而将 100 美元钞票直接交给陌生人,则感觉有些鲁莽,会让人产生各种担忧和疑虑,比如"要是他们……"(填入担心的内容)。虽然我从未完全克服这些疑虑,但通过一次又一次地捐助陌生人,我已经意识到,我们内心的默认假设,会阻止我们去做有意义的善举,而这些善举却会让我们的生活更加美好。

艾森斯坦认为,在"赠予经济"中,"赠予会流向最迫切的需求",在学会适应负面的赠予心态带来的不适之后,我能够更清楚地识别出那些可能需要帮助的人,同时,也意外地从世界各地的人们那里得到了慷慨的援助。

我也在我的工作中实践了"赠予经济"的理念。我经营一个在线课程,课程是面向西方经济体制下的知识工作者。对于许多参加这门课程的人来说,课程的价格远低于一天的工资。然而,对于其他国家的人来说,这个价格可能超过一个月的工资。从一开始,我就在我的课程中融入了"赠予经济"的运行方式。在第一版课程中,我提供了一个选项:"如果你支付不起,请点击这里,我会给你发

第十章 长远布局的人生游戏

送一份免费版本的课程。"意料之中的是，没有人购买课程，而免费听课的要求却源源不断。不幸的是，也没有人真正打开过课程。

为了设计一个更好的课程运行方案，我运用了与哲学家安德鲁·塔加特（Andrew Taggart）的互动中所学到的经验。我引入了一种说法：即，我希望任何有学习动力的人，都能够接触到这门课程。我创建了一个在线练习，分享了自己的目标（以这种教学和创造性工作为生），并向潜在的客户询问学习动机和完成课程的计划，如果不介意的话，还可以分享他们潜在的财务危机。在练习的最后，我问了他们三个问题：

1. 您愿意为在线课程提供的最低价格范围是什么？
2. 您愿意为在线课程提供的最高价格范围是什么？
3. 对于这门课程，您能全心全意给予的"感觉合适"的回馈是什么？

之前直接免费提供课程，结果只是快速完成了交易，并没有帮助到任何人；而现在这个版本则不同，新版本让人们能够更深入地了解我，还能分享他们自己的故事。这种方式，鼓励大家建立更深层次的联系。在过去的几年里，我收到了近 500 份申请，这些申请总是让我感到惊喜。

一位来自越南的客户说，这个课程的费用超过了他们当地的月薪，但是，他被我的慷慨打动了，于是制订了一个详细的计划，打算未来几年内偿还我的馈赠。这个计划还憧憬了这门课程将如何促进他的职业发展，提高他的收入。在这种情况下，我总是会免费提供课程，或者，接受学习者以小额礼物来换取课程。世界上存在的慷慨之情总是让我感到震惊。你所要做的，就是敞开心扉，接纳这种生活方式。

塞斯·戈丁提醒我们，互联网已经"降低了慷慨的边际成本"，即，人们好善乐施的成本降低了。我不确定大多数人是否意识到这一潜在的发展趋势，在不久的将来，人们将拥有公共数字钱包，向熟悉的或刚刚认识的人传输现金，将成为一件平常的事情。因此，我们应该将慷慨视为一种需要培养的技能，并寻找练习的机会。

要理解赠予的力量，首先，你必须敞开心扉去接受。这说起来容易做起来难。敞开心扉，接受慷慨，往往意味着要与自己的不安全感作斗争，因为接受慷慨，会让人感觉自己处于被动的位置，而不是主动承担责任，这会与自己的责任感产生冲突，引发不安全感。我刚开始公开写作时，创建了一个Patreon账户，用来接收小额捐款，以支持我的事业。这是我计划拥抱"赠予经济"的背景下提出的一个举措。在发出第一封电子邮件后的几个小时内，我的两个朋友，乔丹和诺埃尔，立即以每月三美元的金额支持了我。他们的支持虽不足以保障我的未来，但其深远的影响却不可小觑。一种深深的感激之情充盈了我的内心。他们投来的点滴信任，同样令我自信满满。我也感到需要回报他们，不是用金钱，而是以继续前行的勇气。

艾森斯坦也意识到了"赠予经济"中，人与人之间关系的重要性：

赠予所做的一件事就是，在人与人之间建立了联系——这与金融交易不同。当进行金钱交易时，买方支付一定金额给卖方，卖方提供商品或服务，交易完成后，双方之间通常不再有进一步的关系。买方不欠卖方任何东西，卖方也不欠买方任何东西，交易就此结束。

第十章 长远布局的人生游戏

但是，如果对方送给你一样东西，情况就不同了，因为这时，你会有一种欠对方人情的感觉。这种感觉可能表现为一种责任感，或者也可以说是一种感激之情。

拥抱"赠予经济"的精神所带来的好处，某些人是看不到的，他们总是问我，如何计划将业务货币化、扩大规模和实现增长。我并不是个在商言商的人，我所追求的是，构建有意义的生活方式，以及建立赋予生活意义的人际联系。

当你找到想要持续从事的工作时，能让这项工作变得有意义的理由，只能是你对工作本身的热爱和激情。塞斯·戈丁强调，每个人内心深处都住着一位艺术家，对于这位艺术家来说，找到愿意持续投入的工作是至关重要的。他认为，这种工作不仅仅是为了获得报酬："你不能仅仅为了金钱而创作艺术品。如果将艺术创作视为商业行为的一部分，那么艺术就会失去其奇妙的魅力，不再是艺术。"

接纳"赠予经济"的精神，我们会欣赏自己正在从事的事业，还能超越现代社会自诩的默认价值观。通过慷慨行为，我们能够在自己和他人身上播下种子，促使好奇心、创造力和人际连接得以发展。在过去五年的尝试中，我意识到，慷慨不仅是一种值得练习的技能，而且，随着时间的推移，它还会带来复合效益。

艾森斯坦在他的"赠予经济"研究中指出："最富有的人是那些慷慨的人。"我认同他的这个观点。世界上并不是所有人都会完全认同这种观点，但至少在我的世界的一隅，我可以假设这是真实的，并从中获得更多的乐趣。

❖ 焕发生命活力,胜过力争上游

> 真正的学者,对每一个被错过的行动机会都感到遗憾,视之为力量的损失。
>
> ——拉尔夫·瓦尔多·爱默生(RALPH WALDO EMERSON)

在"无路之路"上,每个人最终都需要规划自己的旅程。在这种没有明确指引的旅程中,一旦你开始接受各种可能性,尝试不同的工作和生活方式,最大的问题就是选择的悖论,即面对太多选择时,其实选择变得更加困难。有太多值得做的事情、太多值得去的地方,你需要制定一套原则,来帮助你做出决策,确定优先顺序。

我个人的信条贯穿于本书的字里行间。这些理念、原则、问题以及心智模型,是我思考从金钱到人际关系再到工作等一切事务的方式,它们始终在不断地演变和变化中。

我最重要的一个信条是,"焕发生命活力,胜过力争上游"。当我离开之前的路径时,我接受了这一根本性的转变,这条座右铭提醒我,我不想为自己再创造一个工作岗位。

当我看到赚钱、扩大规模、提高收费或加速发展等一系列机会时,我的座右铭提醒我,首先要全面考虑各种可能性,包括选择什么都不做。

2020年4月,我花费18个月创建的在线咨询技能课程,开始实现盈利增长,这是因为,在新冠疫情期间,远程办公方式得到广泛应用。在那时,我已经花了几年时间不断调整完善这门课程,但从

第十章 长远布局的人生游戏

未预料到它的营收会超过一个小型的副业。然而,在几乎整个2020年,这门课程平均每月创造了5000美元的收入,这清晰地向我发出信号,课程项目比我想象的更具可持续性。

作为一个在商业界拥有超过10年经验的人,我体内的每一个细胞都在敦促我思考,如何进一步扩大这个线上课程项目的发展规模。年底时,我被邀请参加一个面向在线课程从业者的密集课程和辅导小组。咨询师们认为,若采用新的优化措施,我的课程会带来更可观的收益。我同意他们的评估,却思前想后,犹豫不决。

在做出决定之前,我花了几天时间反思,问自己:"我最终会用增加的收入做什么?"答案是,我决定利用这段时间写作。然后,我意识到,没有什么能阻止我现在就这么做。于是,我决定,与其扩大课程规模,不如写这本书。

焕发生命活力,胜过力争上游。

起初,我狂热地争取自由职业项目,但也本能地拒绝了许多赚钱的机会。尽管这会带来财务不安全感,却避免了仅为赚钱而不断追求项目的状态。这最终带来了回报,因为我所创造的空间,使我能够发挥创造力,变得更有韧性,并找到了一种积极的方式与我的工作和世界互动。

在旅途中的许多时刻,当我看到赚更多钱的机会,或者扩大发展规模的机会时,我会停下来思考。在过去的10年里,我一直走在追求数字增长的道路上。现在,我走上了一条多元选择的道路,不仅仅是追求财富增长。我体验到了不同的生活方式,比如创造、无为和与他人连接,深刻理解了工作以外的事业的价值。

我认为，人们对保持选择的开放性有一种误解。在"默认路径"上，选择性可能会成为一种陷阱，因为你有可能被困在现有的职业框架中无法跳出来。然而，在"无路之路"上，选择性却能持续带来回报，因为你不是在等待下一个工作机会，而是给自己留出了更多的生活空间和可能性。

创造你自己的文化

我为什么要这样做？这样做为何如此重要？

我有远大的抱负。这些抱负对你来说，也许是不清晰的、不可衡量的，或是难以理解的，但它们指明了我生活的方向和目的。

总之，我走这条路的目标是：

> 能够达到这样一种状态：将几乎所有的时间都用来帮助、支持和激励他人去做伟大的事业。

这就是为什么我每次读《相约星期二》（*Tuesdays with Morrie*）这本书，都会感动落泪。因为，我认为莫里·施瓦茨（Morrie Schwartz）教授做到了这一点。

当作家米奇·阿尔博姆（Mitch Albom）在电视上看到他多年未见的老教授时，他感到震惊，因为这位教授多年前曾给他留下深刻印象，但后来逐渐在他的生活中消失了。

莫里在NBC的节目《夜线》中，分享了他被诊断患有渐冻症（Lou

第十章 长远布局的人生游戏

Gehrig's disease）以来的经历，这种疾病意味着持续的身体机能衰退和最终的死亡。

阿尔博姆惊讶地发现，距他们上次见面，已经过去 16 年了。他意识到，自己必须尽快去见莫里。

在这 16 年里，阿尔博姆已经成长为一名成功的体育记者和娱乐界从业者。他在《底特律自由报》上拥有自己的专栏，写过多本书，甚至在广播和电视节目中露面。工作占据了他的生活：

> 我不再租房，而是买房。我在山上买了房子。我买了车。我投资股票，设计了投资组合。我一直处于高速运转状态，就像汽车挂到了最高速度挡，所有的事情都在截止日期内完成。我疯狂地健身，以惊人的速度开车。我赚的钱比我想象的还要多。我邂逅了一位名叫珍妮娜（Janine）的黑发女子，尽管我忙于工作，跟她聚少离多，但她依然爱我。我们在恋爱七年后结婚。婚礼结束一周后，我就回到了工作岗位。我告诉珍妮娜和自己，总有一天，我们会开启正常家庭生活，这是她非常渴望的。但那一天从未到来。
>
> 相反，我全身心地投入到了对成就的追求之中，因为唯有成就，让我相信我能掌控一切，让我能在生病和死亡降临之前，榨取最后一丝快乐，就像我叔叔那样。我认定这是我的宿命。

阿尔博姆在"默认路径"上走得很成功，正是春风得意马蹄疾的时候。然而,在屏幕上看到莫里的那一刻,引发了他的个人危机。他反思了自己曾经的梦想:成为音乐家、加入和平乐队,生活在美丽的地方。"我为了更高的薪水而放弃了很多梦想,我甚至没有意识到自己正在这么做。"

或许是出于对人生更深层问题的探求,或许是直觉告诉他还有更多的东西等待发掘,又或许是,他认为与世界的对话能带来智慧,他踏上了前往马萨诸塞州剑桥的旅程,去与莫里深入交谈。

阿尔博姆原本只计划了一次拜访,但莫里坚持要他再来,于是,他们的对话持续了几周,最终汇聚成了一本书,标题为《相约星期二》,这本书在全球售出了数百万册。这本书之所以震撼人心,是因为它不仅展现了莫里对生命的热爱,还描绘了作者阿尔博姆在与莫里交往过程中所经历的个人转变和成长。这种双重的展现——一方面是书中人物的生活哲学,另一方面是作者自身的变化——共同赋予了这本书深刻的影响和力量。莫里和阿尔博姆所讨论的主题,与我过去几年的思考不谋而合,我在本书中也在探讨相同的问题和挑战。

以下引自莫里的谈话,充分体现了他对生死、幸福与不幸的深刻反思。

他说:"死亡,是人们应该感到悲伤的一件事,但活得不快乐则是另一种悲哀,来拜访我的那么多人都不快乐。"

为什么?"首先,我们所处的文化并没有让人们对自己感到满意,我们的文化并没有教会人们如何找到真正的自我和幸福,而是让人们追求错误的东西。你必须要有足够的

第十章 长远布局的人生游戏

勇气站出来表示：如果这种文化不起作用，就不要买账。去创造你自己的文化。"

这就是"无路之路"的真谛。它意味着拥有勇气去放弃在传统路径背景下看似有意义的身份，去追求那些你尚未理解的事物。它还意味着，要尝试全新的方式，重新规划自己的道路，建立自己对自由的个人定义，并敢于抱有信心，相信一切都会好起来，无论你面临多少怀疑、不安全或恐惧。

莫里也在以身作则。他成功地营造了属于自己的文化。他表面上是布兰迪斯（Brandeis）大学的教授，但内心深处却隐藏着"无路之路"的精神。以下是阿尔博姆笔下莫里的世界：

> 莫里实践了他的信念，早在生病之前，他就构建了自己独特的生活方式和文化。他通过组织讨论小组、与朋友散步、在哈佛广场教堂跳舞等活动，展现了他的信念。他发起了一个名为"温室"的项目，为贫困人群提供心理健康服务。他广泛阅读，寻找新的教学思路，拜访同事，与过去的学生保持联系，给远方的朋友写信。他更愿意花时间去享受美食和欣赏大自然，而不是在电视情景喜剧或"每周电影"上浪费时间。他建立了一个以人际活动——交流、互动、情感——为核心的生活模式，这些活动让他的生活充实得就像"满满一碗汤"。

无路之路

莫里充实地过完了他的一生。当他失去唱歌、跳舞、游泳和走路的能力时,他没有任何遗憾。他告诉阿尔博姆:"我可能快要死了,但我被充满爱和关怀的灵魂包围着。有多少人能这么说?"这些对话深深地影响了阿尔博姆,说服他彻底改变了自己的心态:

> 人们可以选择只看到世界的阴暗面,但我早就从莫里身上汲取了积极的力量。他罹患渐冻症,生命垂危。他不能动弹,需要人把他从椅子上抬起来,甚至需要他人帮忙擦拭。尽管处于如此困境,他一直保持乐观和积极的态度,直到生命的最后一刻,他仍然看到人性的正能量和善意。我想,他在椅子上不能动弹,尚且能做到这一点……那么我,拥有健康和如此多的恩赐,当然也可以保持乐观,也可以努力去激励他人。

莫里去世后,阿尔博姆在自己的生活中腾出更多的空间,投入不以工作为中心的活动,并致力于为更多的人提供帮助。他创办了多个慈善机构,支持弱势儿童,在救助无家可归者的组织里做志愿者,并在海地开办了一所孤儿院。他自己从未生育孩子,但 2013 年,他在海地的孤儿院中收养了一名女孩,女孩被诊断患有脑癌,她来到美国与阿尔博姆和他的妻子同住。尽管女孩最终还是去世了,但这件事深深触动了阿尔博姆,促使他继续分享那些走进他生活的人的智慧,并激励他人。

他遵循了莫里的建议:营造属于你自己的文化。

第十章　长远布局的人生游戏

莫里与阿尔博姆的这些对话一直萦绕在我心头。我在做咨询顾问工作时，研究了组织文化。在商业领域，尽管"文化"这个概念经常被误解，但其实它是相当简单明了的。"文化"由一系列不断发展变化的基本信念组成，人们用这些信念来指导他们的决策。而这些决策和行动的累积结果，最终形成了一个组织的文化。

要在"无路之路"上营造你自己的文化，就必须识别你在生活方式中的基本信念。以下是我的一些信念，其中许多已经散见于本书中：

- 许多人的能力超出了他们自己的想象。
- 创造力是通往乐观、意义和人脉的切实路径。
- 我们要自发地与世界和他人进行互动，无须等待外部的许可。
- 我们都是有创造力的，只是有些人需要花更长的时间来发现自己的潜力。
- 休闲，或积极地沉思，是生活中最重要的事情之一。
- 赚钱的途径多种多样，当一个明显的路径浮现时，往往存在一个更有趣却未显现的路径。
- 找到对我们真正有意义的工作，才是我们生命中真正的工作。

关于以上各项，可能会出错吗？当然可能。但选择"无路之路"并不是为了追求正确，而是为了寻找值得坚持的思想和原则，并看

无路之路

看它们最终会引领你到达何方。如果不这样做，你就是在接受"默认路径"的逻辑。

遗憾的是，拥抱"无路之路"意味着，你必须接受你可能并不清楚自己在做什么，甚至可能会显得愚蠢的状态。这正是我在最初的几个月里所感受到的。但幸运的是，许多人已在我前行的道路上留下了足迹。我得到了像莫里、米奇·阿尔博姆，以及丽贝卡·索尔尼特这样的人的指导，他们的经历告诉我，迷失，其实不过是意识到"世界已变得比你对它的了解更为广阔了"。迷失可以带来新的视角和体验，帮助人们拓展对世界的认知和理解。

"无路之路"意味着要敞开心扉，接受新事物的出现。它关乎成长和放手。在这条路上，我认识到，如果我自诩对某事有所执着，我就要采取行动，也要接受自己可能犯错的事实。我必须卸下自我，放下对于"成功"形象的追求。我仍然感到迷茫，因为我不知道未来我的道路会如何发展，出版这本书对我的生活意味着什么。这些想法既令人害怕，又令人激动。

我不会选择其他路径。

我的人生或许不会与莫里的如出一辙，但我渴望能够承袭他智慧的精髓。能在生命暮年依旧满怀激情与活力的人实属罕见。我期望自己亦能以那般状态抵达生命的终点。

但问题是——你愿意与我同行吗？

第十章　长远布局的人生游戏

❖ 现在出发，去探索吧！

我撰写此书，并非为了提供一套遵循"无路之路"的操作指南，而是为了激发你更宏大的梦想，为你的决策提供更加细致的思考方式，甚至是思维模型，帮助你拥抱"无路之路"的精神。

阅读完这本书，你不会局限于当前的道路，将它视为唯一。我期望你能够抵达一个境界，在那里，你意识到自己拥有超乎想象的自由，每天都可以重新选择自己的道路。

在这个人人得以构筑繁荣生活的时代，许多人面对如此可能性却选择婉拒，因为它伴随着不安、未知，以及失败风险的加剧。我分享自己的故事，意在向你们证明，即便在这条"无路之路"上，你可能会历经这些磨难，但这段旅程终究是值得的。

而且，这或许正是我们唯一明智的选择了。

我们编织着指引自己生活的故事，而这些故事也将不断演化。诸多因素之下，我们许多现存的文化脚本与故事历经数代已逐渐僵化，不再如往昔那般可靠地指引我们。这使得世界各地众多的人对于他们与工作的关系感到迷茫与挫败。

在我辞去工作的第一年，我对世界的所有认知如同幻影般消解了，仿佛一直以来的一切都是明显的假象。这令人难以承受，但我得到了朋友斯蒂芬·沃利（Stephen Warley）和尼塔·鲍姆（Nita Baum）的大力支持，他们已经在自己的"无路之路"上探索多年。我经常向他们发问："我经历的这般困境，难道世人都视而不见，还是我疯了？"我逐渐领悟到，答案或许两者兼而有之。要逆流而上，

无路之路

违背大多数人的想法,你多少得有点疯狂。然而,我们应该提醒自己,正如约翰·斯图尔特·密尔所说,这些"生活方式的实验",对于推动文化前行至关重要。

在新冠疫情大流行期间,全球很多人被迫远程工作。突然间,我多年来一直在写作的主题,直击大家的痛点。坐在家里,被打乱了日常节奏,人们向我坦言,他们震惊地发现,自己的身份认同都与工作紧密相连,却迷失了生活的方向。他们想找到一种新的前进之路。

这本书就是我对新征途的构想。

现在,一切都掌握在你手中。为了帮助你踏上这段旅程,我整理了十件注意事项。这既是对本书内容的总结,也是你拥抱"无路之路"精神的宣言。

第一,质疑"默认路径"。 多年来,我固守一种关于生活方式的故事。我假设只有一种方式来构建我的生活,那就是围绕全职工作。我努力表现得像一个"好人",但最终,我发现,自己对生活的走向感到不快乐。我偶然走上了一条"无路之路",慢慢地意识到,我心中那个刻板的"默认路径"只是众多选择中的一个而已。

第二,反思。 当我开始反思真正的自我时,我得以围绕我所珍视的事物构建生活。我们大多数人的生活都是按部就班的,好像自动驾驶一样,但我们可以通过哪怕是最简单的反思练习,来打破这种模式。我曾经尝试过一些反思练习,比如,在每日提醒功能程序上设置四个优先关注的事项,还有,重新审视我在研究生院时所追求的领导力准则。这些反思练习,帮助我看到,我内心渴望追求的

第十章　长远布局的人生游戏

与我生活现状之间的差距，比我想象的要大，而我本应与世界进行更广泛的"对话"。

第三，认识自我，发现个人的特长。 在追求成功的过程中，我们经常忽略了自己对他人的影响。要做这样的探索，最简便易行的方式就是，向几位亲近的朋友发信息，询问他们："在你看来，我在哪些方面展现出了最好的自己？"他们的回答可能会让你感到惊喜，甚至是愉悦。每个人都有关于自己的故事，认为自己应该是什么样子以及为什么是这样的，但通常来说，他人对于我们的闪光之处看得更准确。

第四，按下暂停键，断开与工作的联系。 为了改善与工作的关系，我认为，断开与工作的联系是必要的。而且，仅仅一个或两个星期的典型假期是不够的。我相信，需要远离工作至少一个月，才能达到最低有效的时间。虽然，这可能看起来不可思议，或令人恐惧，但这种干预措施，获得了普遍的认可，并且能够增强你对未来的信心。如果一个月的时间让你感到畏惧，我建议，在工作周内随意安排一个周二下午或其他任意一天。不要告诉任何人你在做什么，然后去闲逛。可以去散步、骑自行车，或者坐在河边。留意内心涌现的感受，看看它们向你诉说了什么。

第五，去交朋友。 勇敢走出你现有的圈子，去接触那些选择了有趣道路的人。询问他们是如何开始的，是什么激励着他们，他们是如何思考自己人生的航向的。大多数人比我们预期的要热情得多，他们热衷于分享在生活中学到的东西。要拥抱"无路之路"，你需要朋友，即使最初只有一个朋友，也足以支持你走下去。随着时间的推移，通过设计你的工作和生活方式，你可以逐渐与更多志同道合的人建立联系，形成一个支持网络，让你能够更自然地与他人联系并共同前行。这种建立合作关系和友谊的过程，是追求"无路之路"过程中最有价值和最有意义的事情之一。

第六，去释放自己的创造力。记住，你是有创造力的！几乎每个人都有创新的愿望，希望以积极的方式将自己的能量传递出去。只是，在"默认路径"的传统规训下，人们认为，开创新事物是需要获得许可的。现在，这种观念已经不再成立。找到创新的方式，可以是举办晚宴，组织志愿者活动，写博客文章，写日记，绘画，或者为朋友举办烹饪课。重要的不是做什么，而是尽快找到释放自己的创造力的途径，勇敢地将自己的作品分享给世界。这样，你就能更快地找到一生中想要持续从事的活动。

第七，慷慨给予。慷慨不仅关乎金钱的多寡，还是一种需要修炼的技能。慷慨是一种面对世界的姿态，帮助你领悟何为"足够"，认识自己内心隐藏的关于金钱的固有观念，打破将金钱视为安全感唯一来源的信念，自信地探索不依赖金钱的安全感。你不必全然拥抱"赠予经济"，只须留心并在机会来临时主动提出分享或赠予。若你尚无头绪，我倒有个简易之策：将此书赠予那些可能会欣赏它的人。而终究，慷慨给予乃是"无路之路"上的超凡能力，能让你超越孤立感，与周围的人建立更深的联结。

第八，实验。"默认路径"并没有为尝试构建不同生活方式留下太多空间。在"无路之路"上，你可以尝试新的变化，以不同的方式工作，延长休息时间，旅居不同的国家和地区，测试你的金钱观念，

第十章　长远布局的人生游戏

拥抱独特的固定目标，以及，创造你认为不可能实现的事物。重要的是要记住，目标并不是变得富有，而是始终找出接下来该做什么。

第九，投入。很多人错误地认为，逃避工作是一个值得追求的目标。我起初也有这种想法，后来我意识到，这种想法的根源在于，只是将工作视为在职位中所做的事情。其实，我真正想要的是，有机会感到自己有用武之地，有机会挑战自我，不断成长。这就是为什么我坚信"人生中真正的工作"是：寻找你想要投入其中，并让你的生活充满意义的事情。一旦找到，你就可以投入时间，创造环境，让这些事情得以实现。

第十，要有耐心。在一封著名的致友人休谟（Hume）的信件中，亨特·S. 汤普森（Hunter S. Thompson）强调，寻找生活的正确道路是重要的，即使这需要多次尝试。他告诉休谟，如果尝试了八条不同的道路都失败了，就必须继续寻找："你必须找到第九条道路。"拥抱"无路之路"可能是一段缓慢而令人沮丧的旅程，每个人的速度都不同。我花了好几年时间才鼓起勇气辞去工作，接着又花了更多的时间，找到一种综合了工作、人际关系以及在世界中自我定位的生活方式，这种生活方式让我感到自己走的是命中注定要走的道路。不要急于求成。记住：只要创造空间让好事发生，没有好事会溜走。最后要做的事情就只剩下：去勇敢追寻，去体验那可能发生的一切，正如诗人玛丽·奥利弗（Mary Oliver）所说，看看你那"野性而珍贵的一生"会发生什么。

我希望你能够勇敢前行，寻找自己的道路，因为我总是邀请更多的朋友跟我一起同行。

致 谢
Acknowledgments

撰写这本书,给了我一个很好的机会来反思我的生活。其中,最明显的一点就是,我是如此幸运,被如此积极的影响所包围,境遇好到让人感觉有点不公平。

我要把最诚挚的感谢献给我的父母南希(Nancy)和鲍勃(Bob),感谢他们给了我充满爱和鼓励的童年,令我成长为自信的成年人,在默认的道路上取得成功,最终有勇气开创自己的道路。此外,我还需要感谢我大家庭中的几乎所有人。我在一个温馨的大家庭中长大,被相亲相爱的兄弟姐妹、姑姨、叔伯、祖父母和表亲包围着,他们给予我的启发,都潜移默化地融入本书。

接下来,我要感谢我的妻子安吉。自从我们相遇以来,她一直是我最坚定的支持者。虽然她并没有真正出现在本书的每一章节中,但她的精神贯穿了整本书。我们相识之初,我向她提起大卫·怀特书中的"无路之路"的理念时,她也很喜欢。我们结婚时,她创建了一个日记本,封面上写着"无路之路",作为我们反思旅行和生活的载体。她不愿意因任何事而居功,但遇见了她,才推动我完成了自身的蜕变,我从渴望逃避生活和工作的贫乏状态,转而投入在线业务、写作和个人的独特道路（当然，是与她一起）。

我有幸在学校和工作中遇到了许多伟大的导师。在大学时，利兹-巴茨（Lease-Butts）博士是我的启蒙老师之一，她引导我去挑战难题。虽然我参加她的课程是为了"跳圈"，尽量不费力地获得"A"档成绩，但我在这些课程中挖掘到的潜力，比任何其他课程都多。在咨询领域，我很幸运地遇到了几位优秀的经理，克里斯汀（Christine）、奥米德（Omeed）、彼得（Peter）和伊冯（Yvonne），他们都首先将我当作一个人来看待，其次才是一名职员，他们推动着我成长。

辞去工作后，我意外地吸引了一小群热情的支持者。黛比阿姨、诺埃尔、卡姆、乔丹和杰里米（Jeremy）都对我解决问题的能力有着无条件的信任，他们总是鼓励我"继续前进"。尼塔（Nita）、史蒂芬（Stephen）和约翰尼（Jonny）是我最好的朋友和同谋，他们坚定地走在自己的"无路之路"上。我感谢他们的智慧、友谊和陪伴。我还要特别感谢约翰尼，在 2018 年夏天，他给了我那本大卫·怀特的书，从此改变了我的生活，也导致了本书的诞生。

在我的人生旅程中，我受到了很多人的启发，他们都走在自己的"无路之路"上。我还从那些与我一起参与"无路之路"项目的同事那里学到了很多东西，他们是：安德鲁（Andrew）、迈克尔（Michael）、凯尔（Kyle）、汤姆（Tom）、罗比（Robbie）、杰奎琳（Jacqueline）、文卡特什（Venkatesh）、莉迪亚（Lydia）、柯（Khe）、奥尚（Oshan）、杰伊（Jay）、埃尔夫（Erv）、马修（Matthew）、达伦（Darren）、特拉维斯（Travis）、霍华德（Howard）、尼莫（Nemo）、简妮特（Janet）、达米安（Damien）和克里斯（Kris）等，还有其他

致　谢

许多人，不一而足，不再赘述。我还要感谢艾米·麦克米伦（Amy McMillen），她在《重掌控制》一书中写下自己离职后的经历。她的书，让我意识到，我也需要分享自己的旅程。

当我开始写这本书时，我以为自己是一个不错的作家。13个月后，我才感觉到自己不过是刚刚起步。约翰·亚当斯（John Adamus）、兰吉特·赛姆比（Ranjit Saimbi）、保拉·特鲁克斯－帕普（Paula Trucks-Pape）和萨莎·查宾（Sasha Chapin）都以截然不同的，但同样强大的方式帮助我提高了写作水平。此外，我要感谢那些帮助我审阅书稿的不同版本，如影随形地鼓励我不断前行的人。他们是：托马斯·霍兰兹（Thomas Hollands）、瓦莱丽·张（Valerie Zhang）、奥尚·贾洛（Oshan Jarow）、史蒂芬·拉斯科夫斯基（Stephen Laskowski）、玛利亚·梅赛德斯·奥特罗（Maria Mercedes Otero）和安托万·布托（Antoine Buteau）。最后，感谢乔恩（Jon）、劳伦（Lauren）、扎克（Zakk）和萨迪(Sadie)，在最后紧张的编辑周期间，在创作小屋（Creator Cabins）为我提供了良好的氛围和款待。

译后记
Translator's Postscript

  本书的主标题"无路之路",给人一种绝处逢生的感觉,初看以为是一本探险小说,但读到副标题"为工作和生活构想一个新故事"时,我脑海里立即跳出"Live to work or work to live"这个短语,几乎所有的英语口语教材里都有这个论题,这大概是英语世界里老生常谈的话题了。我以为,这本书大抵也会围绕"为了工作而活着"还是"为了生活而工作"来讨论工作与生活的关系,无非就是平衡工作与生活的那套说辞。然而,当我通读完全书时,发现这个看似老套的话题,恰恰贴合了信息时代人们对工作的重新定位,也击中了当代打工人的社会情绪,在这个内卷的时代,我们需要倡导不被定义的人生,勇敢拥抱不确定性。当你摒弃随大流式的人生、同质化的道路,转而另辟蹊径,你会发现别有洞天!

  "无路之路"以真情流露的个人成长故事开篇,成功引入主题。作者保罗·米勒德进一步将自己的经历、研究和反思融入到对当代工作与生活的独特思考中,他挑战了我们对工作和生活的传统认知,呼吁人们重新审视职业生涯和生活的目标与动机。他强调了个体的独立性和创造性思维,认为在寻找人生路径时,应该超越常规的局限性。这本书将为读者打开新的思维路径,激发我们勇敢面对未知,这不仅仅是一本书,更是一次重新定义职业与生活的启程。

本书在结构上分为两大部分,上篇阐述分析了"默认路径",即传统的主流工作生活模式,下篇主要以思辨的方式论证了作者所倡导的"无路之路"的理念。作者以自身读大学、进名企的经历,诠释了"默认路径",他写道:"战略咨询和法律等高声望职业的引人注目的故事深深吸引着我……雄心勃勃的年轻人希望将在学校取得的成就转化为具象的,可以被他人看到的成就……"作者认为,"默认路径"在美国被称为"美国梦",意味着生活的目标指向"高薪和高职位"以及"有房有车"等世俗标准。他声明:既不支持也不反对任何特定的生活方式,而是质疑"默认路径是唯一的生活方式"。作者反对的是单一的成功标准。他认为,应该探寻自己真正想要的生活,而不是被传统的以经济收益和社会地位为目标的成功标准所束缚,这是踏上"无路之路"的第一步。"无路之路"是"默认路径"的一种替代方案,是自己定义自己的成功的一场冒险,是对不确定性和不适应性的接纳。作者走过传统精英路线,继而转轨自由职业,从对比视角看待非传统生活方式,更有说服力。

本书的创新之处体现在两个方面,一是与时俱进,描述了互联网技术加持下的新业态,认为世界上任何地方的人们,只要能够接入网络,就可以创造和分享他们的想法、故事以及彼此之间的联系。如果说"默认路径"是工业化世界的故事,那么"无路之路"就是数字原住民世界自然发生的故事。互联网为全球在线的人们创造了积极的连接和多样的生活选择,使得"无路之路"上的新生活和事

译后记

业成为可能。作者指出,"世界不断变化,技术重塑着我们的生活,我们用来引导生活变好的故事变得过时,不足以应对当下。人们开始感受到,我们被告知的世界运作方式,与实际经历的情况是脱节的。你努力工作,但最终还是被裁员。完美生活对你来说如同纸上富贵,没有时间去享受。你退休时银行账户有数百万美元,却想不出该怎样用来充实自己的空闲时间。"作者认为,在当下的时代,大学毕业生期望工作除了提供良好的薪酬和福利外,还应该具有意义,年轻人希望找到一份充满激情、目的和乐趣的工作,"雇主有责任保持员工的心理和身体健康"。近期国内自媒体也涌现了不少体现如此需求的热词,如,"配得感""把自己再养一遍"等,这些都反映了打工人热切希望个人感受得到应有的关注和满足的热切期望。这是引起广大读者强烈共鸣的创新点。引用一句读者的话,就是"这本书把我对工作不知道怎么用语言描述的感受给具象化了,经常有一拍大腿觉得很有同感的感觉"。在美国社交媒体 X(原推特)平台上,这本书位列 17 万网友推荐书单的前十位。

另一个创新点在于,作者摆脱了同类书籍感性的鸡汤文叙事模式,而是以管理咨询的专业手法,提供更加细致的思考方式,甚至是建立思维模型。从来没有同主题的书籍能够如此细腻地刻画打工人如此细微的心理活动和心路历程,从新入职的兴奋,到职业倦怠期,到离职后的彷徨,再到踏上不确定路径的顾虑,其间以社会学角度对工作、工资制社会、退休制度等概念的历史变迁进行了追根溯源式的剖析,对金钱、成功、自由等概念的探讨,都是深刻和思辨的。比如:被作者定为书名,并作为关键词反复提及的"无路之路"这个词语,就是经过严谨的考证,从大卫·怀特的《三重婚姻》一书借用的概念。这个词语就像作者的嘴替,如作者所说:"让我从曾刻意追随的成就叙事中解脱出来……转而释放自己……活出真我。" 作者还考证了工作与休闲的关系的沿革:在古希腊,休闲是生活的最终目标,工作是为了最终能够达到休闲的状态,而二战后,则进入了"工作至上"的时代,工作发展为强大的力量,人人都被深深内化了打工人的身份,休闲被视为懒惰。作者引用哲学家安德鲁·塔加特振聋发聩的问题"如果工作支配了你的每一刻,生活是否还值得一过?"对"工作至上"的时代现状提出了质疑,提出人生最重要的目的是更好地生活,而不是更多地工作。另外,作者还尝试建立自己的理论体系,比如,针对传统成功路径对声望的追逐,作者建立思维模型,分析其弊端,对声望祛魅。全职工作的雇员要通过一系列功利化的测试,才能获得晋职加薪,比如,要取得高级合伙人的青睐,要服从所有工作安排,穿着要得体,以及学会以某种方式说话,而自由职业者则只需凭借高质量的创意和为客户提供优质服务的能力来参与竞争,不需要取悦上级。作者描述的这种测试,在国内职场语境中同样存在,被冠以职场潜规则、职场秘籍、情商等积极表达,也有被表述为内耗、管理成本等负面表达。作者提出:"成功不再需要依靠破解'功利测试'……他们选择摆脱这些传统测试的束缚,去创造新的和更好的游戏……不是为了迎合雇主希望看到的世界,而是为了满足我们自身学习和成长的动机。""摒弃传统的固有观念,不仅仅是个人行为,更是整个社会需要做到的,唯有如此,新的能量和创造力才能得以释放。""创造自己的文化",

译后记

也是作者创造的理论。作者借用《相约星期二》这本书里莫里的一段人生反思道出了创造自己的文化的必要性:"死亡,是人们应该感到悲伤的一件事,但活得不快乐则是另一种悲哀,来拜访我的那么多人都不快乐。为什么?……我们的文化并没有教会人们如何找到真正的自我和幸福……要有足够的勇气站出来表示:如果这种文化是不起作用的,就不要买账,去创造你自己的文化。"

作者曾经踏入咨询行业精英圈层,并受到顶级商学院 MBA 的专业培训,这些背景造就了本书自成体系的理论框架,酷似咨询公司建立的思考模型。作者习惯以一小段引文作为每一小节的开始,这种脱离上下文语境的引用,尤其给理解带来障碍。为了准确传达原作者的意图,译者只能查阅引文原出处,结合整个小节的译文,对原文进行化译,添加背景知识,解释术语,重新组织原文。更有个别章节的理论表述竟有些佶屈聱牙,术语满天飞,长句蜿蜒盘桓,间或有跨段落指代,逼得译者时常追根溯源地寻找指代对象,真是作者写得随性,译者跟得辛苦。当我不断运用所学的语篇分析方法解剖长句,寻找衔接手段时,我非常庆幸在读研阶段遇到了语言学各个方向的学术引路人。教授们严格的学术训练,上海交通大学近乎严苛的学术要求,让我迅速适应了高校的科研考核环境,助力了我教师职业生涯的发展和进步。同时感谢我目前任职的上海应用技术大学外国语学院,学院获批了翻译硕士点,大力支持教师参与翻译实践,这些都鼓舞和推动着我完成了本译著。更要感谢梁本彬老师及其负责的云彬翻译社区所搭建的出版翻译平台。

翻译过程中令人愉悦的部分是,作者描述的大学经历,令我联

无路之路

想到同样在美国读书的女儿，作者那些选课技巧、面试经历，都是女儿经历过和正在经历的，我问女儿有没有发出 cold email，有没有去过 superday，均得到不耐烦的回应："当然发过，去过！"这种重合为翻译扫除了很多障碍。作者提到的纽约地名，如克洛斯特斯（Cloisters）公园、哈德孙河、中央车站、联合广场上的农夫市场等，都曾经留下过我的足迹，让我备感亲切，将我拉回到在纽约访学的岁月，无形中增加了我的代入感。我仿佛带入了原作者的身份，喜作者之喜，悲作者之悲。能够借此体验别样的人生，也是翻译的乐趣。

薛梅
2025.1